本书获浙江省本科高校社会实践一流课程“思想道德与法治”“思想政治理论课社会实践”及温州医科大学“思政课社会实践”教学创新团队项目资助。

医路向阳 青春向党

思想政治理论课社会实践报告精选

主　编　余　茜
副主编　崔华前　郑卫荣

WUHAN UNIVERSITY PRESS
武汉大学出版社

图书在版编目(CIP)数据

医路向阳　青春向党：思想政治理论课社会实践报告精选/余茜主编．—武汉：武汉大学出版社，2023.12
ISBN 978-7-307-24196-1

Ⅰ.医…　Ⅱ.余…　Ⅲ.高等学校—思想政治教育—中国—文集
Ⅳ.G641-53

中国国家版本馆 CIP 数据核字(2023)第 244587 号

责任编辑：聂勇军　　　责任校对：李孟潇　　　版式设计：马　佳

出版发行：**武汉大学出版社**　（430072　武昌　珞珈山）
（电子邮箱：cbs22@ whu.edu.cn　网址：www.wdp. com.cn）
印刷：武汉邮科印务有限公司
开本：720×1000　1/16　印张：14.25　字数：209 千字　插页：1
版次：2023 年 12 月第 1 版　　2023 年 12 月第 1 次印刷
ISBN 978-7-307-24196-1　　定价：52.00 元

前　言

思想政治理论课社会实践是高校思想政治理论课之一，是面向大一学生开设的全校性必修课，是一门“大思政课”的视域下整合本科各门思政课教学资源而打造的综合性实践课程。该课程有2个学分，共64个学时。

我校历来十分重视思政课实践教学。经过十几年的建设与发展，本课程培养了一支专兼职结合的教学水平高、实践能力强、结构合理的教学团队，形成了一个统一领导、上下联动、部门配合、目标明确、执行有力的思政课实践教学体系。

本课程结合学校建设特色鲜明、国内一流、国际知名的高水平医科大学的办学定位和学生以医、药及相关专业为主的特点，以“思想铸魂、理论生根、实践行远”为主线，通过实践教学全面提高思政课教育教学效果。

本课程的目标是：在知识目标上，帮助学生认识社会、了解社会，在实践中领悟思政课的知识内容，提高政治站位、深化思想认识；在能力目标上，提高学生运用马克思主义立场观点方法来分析、判断、解决问题的能力和水平，提升认识能力、思辨能力和实践能力；在素质目标上，增强学生的政治责任感、历史使命感和社会责任感，涵养家国情怀，弘扬医学人文精神，践行新时代医学生使命与担当，使之成为德智体美劳全面发展的社会主义建设者和接班人。

本课程注重教学过程设计，打造全方位、立体式、多样化的实践教学模式。具体而言，即紧扣新时代医学生素质能力提升、实践技能培养、情感态度价值观养成的发展所需，精心设置思政课实践教学五大专题模块，发布指导性选题，在25个实践基地开展“团队集中+个体分散”的暑期社会实践活动并完成社会实践报告。

自2015年独立设置了思想政治理论课社会实践课程以来，马克思主义学院(哲学社会科学部)多数教师坚守社会实践教学一线，指导学生进行思政课社会实践活动，基本实现了教学目标，在全校形成了浓厚的社会实践文化氛围。

本辑社会实践报告以“习近平新时代中国特色社会主义思想在浙江的生动实践”为主题，以学生的视角从政治、经济、社会、文化、生态、大学生生活等各个领域观察“浙江道理”和“浙江经验”。

国家的各项政策一向是社会热点话题。实践活动结合浙江实际和专业特色，选取器官捐献、生育情况、共同富裕、地方理论宣讲四个方面，分析政策背景，调研群众感受，总结政策得失并提出建议。

各行各业的发展是国民经济和社会发展的重要基础。旅游业、医疗、民营经济等的现状与发展，是举国关注的问题。同时，社会建设与人民幸福安康息息相关。公共卫生事件、家庭医生制度、失能家庭现状、特色教育学校建设，既牵动民心又与学生专业紧密相连。各实践团队从各个方面多角度探讨行业现状及社会建设思路，提出了相关建议。

中华优秀传统文化博大精深，是中华民族独特的精神标识。传承红色基因，赓续红色血脉是吾辈义不容辞的职责。

纸上得来终觉浅，绝知此事要躬行。参加社会实践总会与酸甜苦辣相伴。大学生走出校门，深入田间地头，下沉街道社区，见人间百态，察时事人生。一次回访，一次支教，一次义诊……磨炼的不仅是心智毅力，更深化了大学生对国情民情的认识，对未来之路也有了更加明确的认识。

生活处处皆学问，细心钻研即文章。大学生活丰富多彩，社会实践必不可少，通过深入社会，深入实际，做好调查研究，探究原因，提出对策，可引导大学生树立正确的价值观，具备丰富的知识储备和创新能力，又有实践能力和社会责任感，真正成为社会需要的“四有”新人。

编者

2023年7月

目　　录

思想引领篇

经济文化篇

医疗卫生篇

大学生活篇

实践感想篇

思想引领篇

对群众器官捐献观念和意识的调查

第一临床医学院　郑　灿

随着现代社会医学技术、医疗资源的进步与发展，人们关于血液捐献、器官移植或捐献的认知度和意愿度上升了不少。在我国，器官捐献技术发展于20世纪60年代，与世界上一些国家相比起步较晚，但在新时代发展较快。在我国，每年有约30万人因终末期器官衰竭不得不通过器官移植手术来挽救生命，但有机会移植到器官的患者仅有1万多人，器官供需比例为1∶30，供需出现极大不平衡。自2015年1月1日起，我国全面停止使用死囚器官作为器官移植的供体来源，唯一合法途径是公民自愿捐献器官，这进一步增加了这种不平衡性。民众作为社会主体重要组成部分，其对于器官捐献的认知、态度以及意愿对器官捐献技术的发展具有举足轻重的作用。为了解群众对器官捐献的认知、态度及意愿，2022年7月，我们对部分群众进行了问卷调查。

一、调查方式

(一)时间和对象

问卷调研分线上线下进行，受访者均采用匿名填写。线上通过“问卷星”发放线上问卷，线下以浙江省兰溪市的商业街、商场等人流量大的场所行人和兰溪市东风村在住人口为调查对象。问卷共发放223份，其中线上问卷159份，线下问卷64份，获得有效问卷223份，有效回收率100%。

（二）调查方法

我们选择访谈和问卷相结合的方式展开调查。另外，以访谈形式深入兰溪市红十字会，与相关工作人员进行面对面交流，探寻我市器官捐献现状，了解关于人体器官捐献的相关流程，包括近年区域内器官捐献登记情况以及宣教措施。

二、调查结果以及器官捐献现状分析

（一）现有资料分析

本次调研（线上+线下）参与者有223位群众，其中，男性65名（29.15%），女性158名（70.85%）；城镇140人（62.78%），农村83人（37.22%）；学历在初中及以下者23人（10.31%），高中48人（21.52%），本专科140人（62.78%），硕士及以上12人（5.38%）；年龄在17岁及以下14人（少年6.28%），18~45岁170人（青年76.23%），46~69岁34人（中年15.25%），69岁以上5人（老年2.24%）；独生子女76人（34.08%），非独生子女147人（65.92%）；有献血经历的61人（27.35%），无献血经历的162人（72.65%）。

其中，女性占比远高于男性，城镇人口占比高于农村，青年占比远高于其他年龄段，可能是受制于问卷调查方式及调查地点的限制，导致调查人口比例失衡，使得调查结果可能受性别、器官捐献普及程度、民众接受能力等各种因素影响。

调研小组成员还前往兰溪市红十字会对器官捐献相关事宜作进一步的调查与采访。该负责人介绍，兰溪市红十字会主动开展人体器官捐献相关工作，目前共完成12例器官捐献。红十字会定期开展人体器官捐献的宣传动员，线下在广场对往来路人进行器官捐献相关知识的讲解，线上以微信公众号推文的形式进行科普，每年还会在世界红十字日(5月8日)、重阳节(9月9日)等重大节日对器官捐献者家属进行慰问，询问生活情况，送上慰问品和慰问金。但红十字会目前仍无器官捐献协调员，在器官捐献过程中主要配合金华市派来的人员进行一系列捐献事宜的对接。采访中负责人还提到，兰溪市红十字会于今年5月8日组织开展了“5·8人道公益日”活动，用于帮助兰溪市器官捐献家庭的子女，且计划今年建设网上纪念堂和实体纪念基地，以表示对器官捐献者的缅怀和悼念。

(二)器官捐献认知度

数据显示，对于血液、器官捐献的用途、法规及相关流程有一定认知度的群众占比达到76.68%，但其中62.78%的人只了解一点。城镇人群与农村人群认知度相仿。学历和年龄在认知度方面有重要影响，总体来说，学历高者认知度更高。其中，有献血经历者对于捐献移植认知度更高。对于器官捐献，认知来源各有不同，其中通过媒体(电视、网络、报纸)获知的占79.37%，通过学校或工作单位和其他方式知道的约占20.63%。因而，学历、年龄、有无献血经历、认知来源都是影响群众器官捐献认知度的因素。

(三)器官捐献意愿情况及影响因素

根据调查，有意愿在死后参与器官捐献或遗体捐献的人数占到了58.30%，34.53%持不确定态度，不愿意的约占7.17%。我们通过调查在器官捐献中影响个人捐献意愿的因素得知，家属情感(40.36%)、传统观念(18.39%)、社会舆论(5.38%)、捐献程序和法律因素(35.87%)均影响捐献意愿。

(四)现状分析

尽管器官捐献手术得到突飞猛进的发展，但全国每年仍有约30万患者因器官功能衰竭等待器官移植。目前我国器官供需比例是1：30，美国是

1∶4，而英国是1∶3。与此同时，我国需要接受器官移植的患者数量以每年超过10%的增量扩大，当前器官捐献数量远远无法满足患者要求。深入了解中国特有的社会文化背景中公民对身后器官捐献的态度及影响因素，有助于构建符合中国国情的器官捐献系统，推动中国器官移植事业健康快速发展。

调查结果显示，家庭情感是影响器官捐献的重要因素。阻碍人们参与器官捐献的家庭因素主要有家人不同意(51.12%)、传统生死观念(70.85%)。受传统生死观念影响，许多人潜在受到“身体发肤，受之父母”“贵生怕死，忌谈死亡”等传统思想观念的影响，从而缺乏捐献意愿。

此外，数据显示，担心遗体不被尊重(60.09%)、法律法规不完善(41.70%)、不清楚捐献途径及相关事宜(59.19%)也是影响群众器官捐献的几个因素。目前器官捐献法律法规的不完善极大程度上影响着人们的捐献意愿，有意捐献者对于其捐献的器官和捐献后能否享有应有权益仍存质疑，因而要健全器官捐献相关法律法规及普及相关流程，加强立法工作，有效激发捐献者捐献信心，保障其合法权益，让捐献者及其家属安心如意。

三、器官捐献相关建议

(一)加大器官捐献宣传力度，合力促进知识普及

根据调查结果，年龄、文化程度、地域差异对器官或遗体捐献有着不同程度的认知影响，大多数群众对于血液、器官捐献流程以及法律法规不熟悉，在此次调研地点兰溪红十字会上半年仅有6人线下填写了《中国人体器官捐献志愿登记表》。因此，面向中小学、城乡街道等地的知识宣传力度亟待提高，要广泛开展志愿服务公益活动，建设网上纪念堂和实体纪念基地，同时利用媒体的力量，结合线上线下各种宣传活动让大众充分了解器官捐献的积极意义，打破思想上的禁锢，摆脱“人死为大，完整地来，

完整地去”的传统道德观念，感受人性的美好，让生命接力而行。

(二)建立器官捐献激励机制

激励是调动人对事、对物、对人积极性活动的动态过程，即通过一定正向刺激促使人的某种思想、愿望和行为产生以及最终实现的过程。本次调查成果显示，群众对于器官捐献者或其家属能否获得补偿一事支持得到补偿的占75.78%。因此，可以对器官捐献者及其家人采取一些物质、政策、精神上的激励与补偿措施。此意义上的激励和补偿机制与器官买卖本质不同，是符合法律规范的一种精神抚慰和社会鼓励手段。同时政府应当加强器官捐献的相关立法工作，保障器官捐献者及其家属的合法权益，让器官捐献意识深入人心，营造良好和睦的社会氛围，激发潜在捐献者的捐献信心与意愿。

(三)政府充分履行职能，推进支持器官捐献

器官捐献工作能够在现代社会广泛开展离不开各级政府的大力支持，如器官捐献登记者可使用窗口单位办事绿色通道；配齐各个地区在器官移植工作中起关键沟通作用的器官捐献协调员，重视招聘和培养工作，并合理分配至各个农村城镇。健全法律法规，完善器官捐献工作体系。在器官捐献上升至法律层面的同时，要明确各部门责任义务，辅助红十字会处理各项事宜。在器官获取、分配原则、捐献流程、职责权限方面做到公开透明，公开器官使用去向，强化有效监督，确保公平正义。同时尊重器官捐献志愿者及其家属意愿，尽力保护个人信息隐私，防止不当的隐私泄露和利用，使器官捐献各方的利益得到保障，促进器官捐献工作的顺利进行，让生命之河能够奔流不息，源远流长。

四、结语

“生命有终点，但人类相互关爱是永恒的。”器官捐献，是对逝去生命

的纪念，是对另一个生命的莫大帮助，让生命以另外一种方式延续。器官捐献是挽救生命、弘扬大爱的高尚事业，是生命接力和爱心传递的过程，鼓励器官捐献，让器官捐献成为拯救他人生命、展现人性光辉、延续人间大爱的社会文明自觉，我们接力同行！

◎ 参考文献

[1]杜妍莹，孙俐，吕毅．天津市大学生器官捐献认知、态度及意愿调查[J]．医学与社会，2018，31(9)：59-62.

[2]蒋宇飞，袁蕙芸．我国活体器官捐献来源及其主要问题研究[J]．中国医学伦理学，2019，32(4)：469-473.

[3]刘尚昕，王淑君．器官移植，爱心接力使生命延续：专访原卫生部副院长中国人体器官捐献与移植委员会主委员黄洁夫[J]．保健医苑，2015(2)：5-9.

[4]van der Hilst CS，Ijtsma AJ，Bottema JT，et al. The price of donation after cardiac death in liver transplantation：A prospective cost-effectiveness study[J]．Transpl Int，2013，26(4)：411-8.

[5]杨颖，黄海，邱鸿钟．我国公民逝世后器官捐献意愿调查及影响因素研究[J]．中国医院，2014，18(3)：18-19.

[6]梁永晴，陈唯，张湛，等．广州市某高校对器官捐献的认知、态度及意愿调查[J]．医学与社会，2017，30(3)：48-50.

[7]孙也龙．骨髓捐献激励机制的伦理学思考——以美国新近判例为视角[J]．中国医学人文，2016，2(1)：15-17.

[8]董鹤，方玉婷，王丹，等．国内外器官捐献现状与思考[J]．护理学报，2017，24(11)：23-26.

[9]黄丽婷，悦娇星，黄海．关于我国建立器官捐献激励机制的思考[J]．医学与哲学，2014，35(8A)：20-22.

[10]李勇．器官移植捐献认知度和意愿度的研究及建议[J]．西昌学院学

报(自然科学版)，2019，33(1)：96-100.
[11]张然．西班牙模式对我国器官捐献与移植体系的启示[D]．北京：清华大学，2014.
[12]胡冬梅．医务工作者、医学生及民众对器官捐献的认知、态度及医院的调查研究[D]．广州：南方医科大学，2015.

附　　录

群众器官捐献观念和意识调查问卷及调查数据

	问题	选项	人数	比例
1	您的性别	男	65	29.15%
		女	158	70.85%
2	您居住的地区	城镇	140	62.78%
		农村	83	37.22%
3	您的学历	初中及以下	23	10.31%
		高中	48	21.52%
		本专科	140	62.78%
		硕士及以上	12	5.38%
4	您的年龄	17 岁及以下	14	6.28%
		18~45 岁	170	76.23%
		46~69 岁	34	15.25%
		69 岁以上	5	2.24%
5	您是否为独生子女	是	76	34.08%
		否	147	65.92%
6	您有过献血经历吗	有，很多次	15	6.72%
		有	46	20.63%
		无，还没有打算	98	43.95%
		无，但有计划去献	64	28.70%
7	您对器官捐献的了解主要来源于	电视	44	19.73%
		报纸	8	3.59%
		网络	125	56.05%
		学校或工作单位	41	18.39%
		其他	5	2.24%

续表

	问题	选项	人数	比例
8	您对血液、器官捐献的用途、法规及相关流程是否了解	了解	31	13.90%
		了解一点	140	62.78%
		不了解	50	22.42%
		没听说过	2	0.90%
9	在器官捐献中，影响你捐献意愿的是什么	家属情感	90	40.36%
		传统观念	41	18.39%
		社会舆论	12	5.38%
		捐献程序、法律因素	80	35.87%
10	您是否愿意在死后参与器官或者遗体的捐献	愿意捐献器官或遗体	75	33.63%
		愿意捐献器官，不愿意捐献遗体	55	24.67%
		不知道	77	34.53%
		不愿意	16	7.17%
11	如果您的亲人选择捐献，您会支持他们吗	很支持，这是在为社会作贡献	48	21.52%
		尊重他们，这是他们的意愿	152	68.16%
		不愿意，但这是他们的选择，我不得不同意	20	8.97%
		坚决反对	3	1.35%
12	死者生前未表明是否捐献器官，其家属在其死后擅自将其器官捐献，对此您持什么态度？	支持	37	16.59%
		不支持	82	36.77%
		不支持也不反对	104	46.64%

续表

	问题	选项	人数	比例
13	您认为现在公民很少捐献器官的原因是(多选)	家人不同意	114	51.12%
		担心遗体不被尊重	134	60.09%
		传统生死观念的影响	158	70.85%
		法律法规不完善	93	41.70%
		不清楚捐献途径及相关事宜	132	59.19%
14	您觉得国家是否应加强对人体器官(遗体)捐献的相关法律法规的宣传	是	198	88.79%
		否	25	11.21%
15	目前国外对器官捐献有不同的做法，您更赞成哪一种	以色列：如有两名在同一器官移植上有相同医疗需求的病人，移植优先权会给予签署了捐献者志愿卡或其家属曾做出过器官捐献的一方	82	36.77%
		西班牙：若死者先前没有表明是否捐献器官，每名逝者都被默认同意捐献器官	10	4.48%
		美国：征求捐赠者的自身意愿，或脑死亡者家属的意愿后，向同意捐献者发放有其或其家属签名的器官捐献卡	92	41.26%
		都不赞成	39	17.49%

续表

	问题	选项	人数	比例
16	您认为捐赠器官或遗体的人或家人应该得到补偿吗	应该在申请捐赠后有适当的补偿和鼓励	84	37.67%
		应该在器官或遗体被使用后，家人得到相应的补偿	85	38.12%
		说明是捐赠，不应该有补偿	54	24.22%
17	您身边有无器官捐献的实例	有	39	17.49%
		没有	183	82.06%
18	您认为器官(遗体)捐献的价值是什么(多选)	通过器官捐献，让自己的生命得以延续，使生命价值得以升华	163	73.09%
		以实际行动拯救他人生命，让生命接力前行	175	78.48%
		支持国家文化公益事业，延续中华美德	119	53.36%
20	针对我国器官捐献的现状，您的看法或建议是(问答题)	可以在中小学课堂或课余时间普及相关知识，引导正确的器官捐献观念		
		开展器官捐献意义普及活动，让器官捐献走进大众生活		
		加大宣传，完善相关法律法规，使捐献的器官真正用于救人，捐献的遗体能够被尊重，用于正当研究，做到公开透明		

共同富裕看浙江
——以温州市文成县珊溪镇为例

检验医学院　李　乐

习近平总书记曾强调："共同富裕是社会主义的本质要求，是中国式现代化的重要特征。"浙江省各个地方早就对这一点有着深刻认知，在过去的数年中为了促进共同富裕采取了各种各样的行动，并对当地未来发展作了一定的规划。红色旅游是一种依托"红色文化"而形成的特殊旅游形式，是以中国共产党在革命进程中的文化足迹为旅游资源，旨在情系革命文化，赓续革命精神血脉，缅怀革命先烈，砥砺革命意志，为红色旅游的传承开辟通道。

一、浓厚的红色文化底蕴与当地丰富的绿色生态资源共同为当地提供了良好的发展条件

2019年9月，习近平总书记在河南考察时强调，依托丰富的红色文化资源和绿色生态资源发展乡村旅游，搞活了农村经济，是振兴乡村的好做法。红色旅游资源是基于中华民族在革命、建设、改革中创造的革命文化和社会主义先进文化，是承载着爱国主义精神的文化舞台，是涵养现代生活价值观的重要源泉，是旅游市场发展的客观需要。文成县珊溪镇作为革命老区，有着浓厚的红色文化底蕴，当地政府也抱有开发红色旅游的信心，各类景点设施建设都在持续进行中。其中坦岐村作为主

要建设区域，分布多处红色文化旧址，包括浙南第一党小组旧址(中共瑞泰边联络站旧址)、月光支部旧址、革命烈士墓等，还有朱大孝故居展陈馆正在建设中。此外，珊溪镇还建设有刘英纪念馆，作为浙江省爱国主义教育基地，此馆内有众多珍贵资料陈列、革命史事讲述，是一处重要的红色文化资源。

珊溪有着丰富的绿色生态资源，中有飞云江流过，构成了珊溪水库。由于环保要求，当地少有工业、畜牧业，故而当地生态环境保持良好，水质清澈，风景秀美。但是工业的限制发展也导致了工作岗位的缺乏，为了提高收入，众多年轻且教育程度较高的居民选择外出务工，红色文旅资源较丰富的地区多为文化水平较低的老人儿童留守，旅游服务产业(如民宿、农家乐等)难以得到发展，需政府加以引导。

二、存在的问题

(一)旅游资源无法完全惠及当地居民

依据实践期间走访得知，当地不少居民仍以农业为主要收入来源，全力推广红色旅游无法较好地带动当地收入增长。虽说目前当地政府正在大力开发红色文化旅游，但是当地留守居民对此不抱乐观态度，他们认为短期内无法在旅游业中分一杯羹，无法在现阶段获取现实利益。

(二)目前态势下红色旅游发展不容乐观

当地虽为浙南重要的红色文化策源地，知名度却较低。当地虽已投入大量资金，部分景点建设已完成，但仍有许多景点在抢建。部分已完工的景点未对外开放，如瑞泰边联络站遗址、朱大孝故居展陈馆，可见当地未完全做好转向大力发展红色旅游的准备，并且据当地居民反馈，部分村镇道路修建进度缓慢，持续时间长，已经影响到了当地居民的生产生活。

（三）红色旅游内容过于单一，未能与当地丰富的生态资源结合起来

目前当地的红色旅游局限于坦岐村及刘英纪念馆所在的百万山区域内，互动性较弱，内容多为史料展示及故事介绍、带有红色元素的建筑等，内容较为单薄。依据以往的研究，体验式红色旅游景点会更加符合当下人们的个性化旅游需求，可以使游客在参观游览的过程中深入其中，此时游客的身份由旁观者转化为参与者，这不仅能满足游客的游览需求，而且更具趣味性，能使游客对红色文化产生深刻感悟。

三、改进建议

（一）依托当地生态，融合红色旅游与生态旅游发展特色旅游

相近的观点早就有学者提出，如，白鹏飞等指出农户可以依托旅游企业、专业合作社、农村电商、乡村旅游等嵌入红色旅游发展过程之中而受益；杨凯等探讨了将生态文明、文化小镇、产业融合等新思想和新业态应用到红色旅游发展中的模式，等等。珊溪当地红色文旅和生态环境资源都较为丰富，只是配套设施较为缺乏，极需完善，例如仍没有便捷的公共交通、较少的旅游投资导致特色民宿或特色餐厅缺乏等。

依托当地文旅资源、生态资源，融合红色旅游与生态旅游，珊溪应当因地制宜，把握住当地特色产业，包括已有一定规模的杨梅种植园、已投入一定资金的珊溪水库风光建设等。应当把这些生态资源和当地红色文化资源串联起来，做到“融合共生”，在红色文旅之中加入生态旅游的内容，使得当地旅游活动趣味性更足，更能吸引外地游客。

（二）依托特色产业，改变主要种植作物类型以增收

珊溪镇多数居民以农业为生，期望他们短时间内改变收入形式，与旅

游业联动增收并不现实，故促进当地居民共同富裕唯有从促进增产或改变主要种植作物类型入手。在本次实地调研过程中，我们得知温州特色中药材——温郁金值得大力发展。温郁金作为中药材，附加值较普通农作物高，珊溪的地理条件十分适宜温郁金的种植生长，且由于温州瑞安作为浙江高质量发展建设共同富裕示范区第二批试点地区之一，已率先发展温郁金种植业助力共同富裕。依据瑞安发展经验，目前温郁金的栽培技术成熟，利于温郁金的推广种植。

目前，温州医科大学已有温郁金种植专家落地井源村试点，测试推广温郁金种植可行性，期望未来通过推广种植温郁金这一附加值较高的当地特色中药材能较大范围地促进当地农民增收。在此次实践活动中我们也制作了温郁金种植手册等，以期对当地宣传推广温郁金种植有所帮助。

◎ 参考文献

[1]习近平．扎实推动共同富裕[J]．求是，2021(20)：1.

[2]孙荣垿．传统村落旅游开发模式演变：以南岗古排“复兴”为例[J]．广西民族大学学报(哲学社会科学版)，2020，42(1)：100-106.

[3]尚子娟，任禹崑．乡村红色文化与旅游发展模式探析[J]．学术交流，2021(4)：111-122.

[4]罗利玉．红色旅游发展的基本遵循与现实进路：基于乡村振兴战略的解读[J]．社会科学家，2021(7)：46-50.

[5]范建红，朱雪梅．红色旅游背景下的公园景观设计初探——以江西省瑞金中华苏维埃共和国纪念园为例[J]．景观研究，2010(7)：15.

[6]梁美红，何蒙池．浅谈研学旅行中的德育渗透[J]．科教文汇(上旬刊)，2020(3)：36-37.

[7]白鹏飞，卢东宁．精准扶贫背景下农户参与红色旅游的路径与对策：以陕甘宁革命老区为例[J]．贵州农业科学，2017(7)：146-149.

[8]杨凯，陈丽军．乡村振兴背景下红色旅游扶贫的创新模式和路径——以湖北省黄冈市为例[J]．三峡大学学报(人文社会科学版)，2019(5)：44-47.

地方理论宣讲效果分析

——以温州龙湾区为例

公共卫生与管理学院　陈梁钰

本次调研基于温州市龙湾区地方理论普及宣讲的现状，结合“809000红色轻骑兵”理论宣讲团通过自我评价、对比分析、问卷回访等方式收集的反馈意见，深入分析温州市龙湾区地方理论普及宣讲存在的问题，提出相关意见，不断改进和增强团队整体宣讲能力和宣讲效果，同时致力于更好地发挥地方理论宣讲的宣传和教育作用。

一、龙湾区理论普及宣讲效果

近年来由于人们对美好生活的需要与对精神文化的需求，理论普及宣讲活动渐渐进入人民大众的视野中，其面对面、小范围、互动式的特点引发了人们的广泛关注。在温州市龙湾区，越来越多的人走向台前，他们游走于课堂、讲堂、街头、巷尾，充满活力的语言和宣讲方式吸粉无数，有力推动了理论宣讲“飞入寻常百姓家”。

我们了解到龙湾区当地宣讲团主体既有大学生、教师群体，也有市民、海外侨胞、在浙外国友人等。但是因为两个方面的因素，一是客观因素如语言、设备条件等，二是主观因素如宣讲团成员经验、理论知识欠缺等，使得不同类型的宣讲团对不同年龄段听众的宣讲效果有很大的区别。

客观因素方面，以语言为例，大部分社区以老人居多，他们多只能听懂温州话，或者能听懂普通话但不会说，但在以大学生这一类青年人居多的宣讲团中，成员基本不懂温州话。尽管节假日时各高校、机构的宣讲团都在努力深入基层，试图通过面对面或者线上等各种方式进行理论宣讲，但语言上的障碍毫无疑问给宣讲工作带来了巨大困难，使得宣讲效率大大降低。同时，单一的宣讲方式也成为影响宣讲效果的一大因素，在理论宣讲的形式方面，70%的人认为形式“过于单一”，只有8%的人认为形式“很丰富”。大部分宣讲团都只是通过填鸭式讲座这一枯燥无味的模式进行宣讲，无法与听众形成良好的互动，也无法给听众留下深刻印象。

主观因素方面，以大学生宣讲团为例。作为学生，很多宣讲员还是第一次参与类似的宣讲活动，即使有充分的准备与大量的练习，在理论水平、口语表达能力和宣讲稿撰写质量这三个衡量宣讲员综合素质的主要方面还存在不少缺陷。除收集问卷数据外，在宣讲结束后，我和另外几位宣讲团成员还现场采访了部分听众，收集听众们对宣讲员综合素质的评价，其中大部分听众认为宣讲团的宣讲员基础知识较为扎实，宣讲稿通俗易懂、质量较高。但在口语表达能力方面，他们希望宣讲员可以进一步提高表述能力，因为对于大学生宣讲员来说，对怎样用接地气的语言阐释深奥理论的把握能力还不够。这也是我本人的问题所在，我一共给三个社区120名群众带来与浙江省党代会精神有关的宣讲，这是一个比较严肃正经的主题，但我的听众80%是孩子和老人家，可想而知结果会是怎样，我的宣讲时间越长，他们的注意力越不集中。别说他们，就连我自己也更喜欢其他轻松有趣的主题宣讲。听众希望在今后的理论宣讲活动中，宣讲员们能够依据现场听众的年龄段适当转变宣讲风格，使宣讲内容老少皆宜。

二、理论宣讲团宣讲效果反馈

“青说红色龙湾，赓续红色血脉。”为助力“共享社・幸福里”建设专项行动，推动理论宣讲进社区，温州医科大学“809000红色轻骑兵”理论宣讲暑期社会实践团的宣讲员们于暑假初期与温州市龙湾区十余个社区、城市书房、图书馆等文化教育基地进行合作，共同开展理论宣讲活动。本人作为实践团一员亲身参与其中，完成撰写讲稿与宣讲任务，为3个党群服务中心的听众作“党代会精神”主题理论宣讲。

在宣讲完毕之后，实践团在每场宣讲活动后都进行了问卷调查，问卷内容包括宣讲普及程度、最喜爱的宣讲主题、您的建议等，问卷结果显示，大部分听众对宣讲相关知识的了解来自电视、网络以及社会宣传，与此同时，部分听众还存在对相关主题了解较少的情况，通过本次理论宣讲才对相关红色理论及政策有所了解。此外，通过问卷调查，我们发现77.8%的听众参与宣讲活动是为了学习相关主题的文化知识，85.62%的听众认为宣讲活动达到了最初目的，表示听完理论宣讲之后受益匪浅，对相关知识有了更深入的了解，并且94.77%的听众在参与完理论宣讲后表示希望今后可以多一些此类宣讲活动。这也从侧面说明本次宣讲团的理论宣讲活动满足了群众的基本需求。

在宣讲时长和宣讲效果的影响方面，现场部分听众表示，目前的宣讲时间安排得较短，听众很难对红色理论和政策有一个系统、清晰的认识；同时正如前文所说，宣讲员由学生担任，他们的理论知识相对薄弱，难以在宣讲过程中形成思想上的有效引领。听众大多为青少年和老人，问卷数据显示，18岁以下青少年占43.14%，参与理论宣讲听众中小学学历占比达45.1%，51岁以上老人占比为21.57%，这是因为我们的宣讲活动开展时间和地点多是工作日或者社区，有条件参与的只能是学生与自由时间较多的老人，而这些受众对宣讲内容的领悟能力较差，导致理论宣讲效果大打折扣。

三、总结

综合宣讲团调研结果和我自己的实践体验，我认为龙湾区理论普及宣讲仍然存在着许多不足：宣讲形式枯燥单一，宣讲内容单调，宣讲主题浮于表面没有落到实处……这都说明理论宣讲还有极大的提升空间。实践团进行的大学生理论宣讲进社区活动小有成效，但其中存在的宣讲队伍不成熟、宣讲形式单一、互动形式枯燥、受众覆盖率低、表述能力欠缺、宣讲风格固定等问题仍不可忽视，在普及理论宣讲这一方面我们还有很长一段路要走。

◎ 参考文献

[1]董莹莹．大学生理论宣讲活动现状及对策——以安徽师范大学为例[J]．高校辅导员学刊，2017，9(5)：16-21.

[2]李明文，郭国祥．高校学生理论宣讲团建设的路径思考[J]．中国高等教育，2022(2)：38-40.

[3]陈杰．云南省姚安县：融合优秀传统文化推进理论宣讲守正创新[J]．党建，2021(9)：59-60.

[4]李海波．民族地区基层理论宣讲——意义、困境、实践探索与经验启示[J]．广西大学学报(哲学社会科学版)，2020，42(6)：7-12.

[5]张官贤．理论宣讲要上接天线、下接地气[J]．学习月刊，2016(19)：53-55.

[6]莫海俊，黄慧琼．广西崇左市："大榕树课堂"创新基层理论宣讲[J]．党建，2015(5)：23.

[7]刘伟，肖舒婷．作为政治沟通方式的百姓宣讲：运作逻辑及其功能[J]．中共天津市委党校学报，2021，23(4)：30-39.

[8]黄丹梅，王祖奎．让理论宣讲接地气 为基层群众搭天线——枝江市创新"三分钟讲堂"的做法、成效与启示[J]．学习月刊，2015(15)：47-48.

[9]温丽华，韦冬雪．中国基层理论宣讲工作现状及优化路径分析[M]//"马克思主义与21世纪社会主义"——第二届全国马克思主义理论及相关学科博士生学术论坛论文集(下册).[出版者不详]，2016：444-452.

经济文化篇

当地红色文化的现状及发展调研报告
——以温州市龙湾区为例

第二临床医学院　冯阳迪

为深入学习宣传浙江省第十五次党代会精神，助力“共享社·幸福里”建设专项活动，推动红色理论宣讲进社区，我们社会实践团以温州市龙湾区当地的红色文化为基点，深入研究当地红色文化的普及程度和发展现状及存在的问题，寻找解决方法，提出相应策略，使红色文化内涵深入人心，得到更好的传播，并推动理论宣讲走进基层，弘扬省党代会精神，营造践行“浙江有礼”的浓厚氛围，在高质量发展中奋力推进中国特色社会主义共同富裕先行和省域现代化先行，展现新时代新青年的担当与风采。在宣讲结束后我们还请听讲人员以及该社区的其他人员填写有关红色理论宣讲的问卷，共得到有效问卷400份，以下为对问卷数据的相关分析。

一、龙湾区当地人员对红色文化以及红色理论宣讲的态度

通过调研数据，我们知道有超过半数的人曾参加过理论宣讲活动，说明当地人员之前就受过红色文化的熏陶，而且在400人中，有高达89.48%的人参加理论宣讲会是为了获取相关的文化知识，对于是否希望更多大学生进社区进行宣讲这个问题，78.14%的人选择了“希望”，说明现在社区居民愿意主动了解并参与红色文化的学习，这是一个非常好的

现象。

1. 您曾参加过理论宣传活动吗？［单选题］

选项	比例
A. 有	55.57%
B. 没有	44.43%
本题有效填写人次	400

2. 如果是您，会因为什么原因去参加宣讲会？［单选题］

选项	比例
A. 获取这些主题类的文化知识	46.56%
B. 感受大学生的理论宣讲	27.94%
C. 认为这个过程很有趣	14.98%
D. 从众心理，有别人去我也去	7.29%
E. 其他	3.23%
本题有效填写人次	400

3. 您希望有更多大学生进社区进行宣讲吗？［单选题］

选项	比例
A. 希望	78.14%
B. 不希望	3.64%
C. 无所谓	18.22%
本题有效填写人次	400

二、红色理论宣讲内容

我们实践团在温州市龙湾区各大社区开展了理论宣讲活动，理论宣讲以浙江省第十五次党代会精神、“浙江有礼”省域文明新实践、医保民生、女性权益等为主要内容，贯通理论学习与社会实践，讲透创新理论、讲好发展前景。在问卷调查中，我们发现大部分人对党代会精神、医保民生等内容更加关注，而对浙江“十礼”了解得比较少，对于“你对浙江十礼有了解吗”这个问题，有超过半数的人不了解，且在对四个主题的选择中，仅有3.24%的人选择“龙湾地方、浙江十礼”这一主题，这说明对于浙江优秀传统文化、传统礼仪大多数人不是很了解。

三、红色理论宣讲效果

11. 本次宣讲后，您对女性权益是否有更多的了解？(　　)[单选题]

选项	比例
A. 是	96.08%
B. 否	3.92%
本题有效填写人次	400

12. 如果您的正当权益受到侵害，您会如何处理？(　　)[单选题]

选项	比例
A. 找妇联等政府机构帮忙解决	86.93%
B. 靠自己解决	7.84%
C. 自己默默忍受	1.31%
D. 其他	3.92%
本题有效填写人次	400

13. 如果下次宣讲，您最希望的宣讲主题是？(　　)[单选题]

选项	比例
A. 红色党建文化	58.82%
B. 校园生活	22.22%
C. 时政热点	10.46%
D. 国际形势	8.5%
E. 其他	0%
本题有效填写人次	400

在经过四大主题的红色理论宣讲之后，大家的收获颇丰，对党代会精神、医保民生、女性权益、浙江"十礼"等主题有了更深的理解，且在"您最希望的宣讲主题"这个问题中，有58.82%的人选择了红色党建文化主题，表明生活中越来越多的人在关注中国共产党，体现了党建文化发挥政治领航的作用。

四、当地红色革命根据地开发现状

本次调研还实地调研了王氏家风家训馆以及龙湾革命根据地，通过拍摄相关照片，了解了龙湾区当地红色文化。展馆较少有外地人参观，当地红色文化的传承和发展还是需要花大力气予以推进。

五、传承与弘扬龙湾区红色文化的建议

传承与弘扬龙湾区红色文化的建议包括：(1)重视红色文化传承与弘扬，积极开展红色旅游；(2)深度挖掘红色内涵，利用现有民间文物传承红色文化；(3)加大宣传力度，利用新媒体进行文化传播；(4)加强思想政治教育，不断提高公民红色素养。

六、结论

“青说红色龙湾，赓续红色血脉。”习近平总书记多次强调红色文化的重要性，提出要“把红色资源利用好、把红色传统发扬好、把红色基因传承好”。通过本次实践，我们明白了红色文化是中国共产党在追求民族独立解放道路，带领全国各族人民在长期的革命斗争中形成的具有中国特色的社会主义文化，它见证了“没有共产党就没有新中国”的历史。而在问卷调查、实地调研中我们发现，当地的红色文化逐渐消失在大众视野中，大家更多的是关心时事，而很少去回顾历史、怀念那些革命故事，所以我们要强化青年人的使命担当，传承与弘扬当地的红色文化，通过以上的方式去真正发挥红色文化对人们精神生活上的引导作用与教化功能。

◎ 参考文献

[1]雷宇桥，高远．新媒体背景下高校红色文化传播路径优化探究[J]．传播和版权，2022(8)：113-115.

[2]代玉良．温州高校开展大学生红色历史文化教育的调查和分析[J]．温州职业技术学院学报，2019(5)：82-86.

[3]胡琦，肖帅帅．大中小学红色文化一体化传承的价值和路径[J]．浙江理工大学学报(社会科学版)，2022(8)：8.

[4]叶晶晶，俞慧娜．从革命老区群众红色文化认识谈红色资源保护——以浙江省温州市凤卧镇为例[J]．科技创新导报，2012(10)：247.

[5]乔东．新时代班组党建文化要发挥政治领航作用[J]．班组天地，2022(7)：52-53.

[6]韩元军．传承红色文化 提升新时代革命博物馆的旅游体验[J]．中外文化交流，2022(5)：25.

[7]郑丹纯．从旅游视角论揭阳红色文化的传承与弘扬[J]．经济师，2022

(1): 5.

[8]陈莉，石珂．建党百年来党传承红色文化的经验和启示[J]．现代商贸工业，2021(11): 42.

[9]文蓉辉．传承红色文化的数字媒体技术研究[J]．江西农业大学，2019(5): 1.

[10]陈洪梅．浅谈如何利用民间文物传承红色文化[J]．陶瓷研究，2021(10): 15.

[11]刘洋洋．互联网条件下红色文化的传承与发展研究[J]．兰州理工大学学报，2019(5): 15.

文旅背景下红色文化传承现状调查和路径探究

——以《鲁镇社戏》为例

第二临床医学院　徐烨菁

鲁镇是鲁迅以绍兴为原形虚构的小镇，于2003年投资落地后渐趋成为绍兴文旅企业的文化载体，其深深扎根的鲁迅精神和红色文化，使其具有非常重要的商业价值和教育意义。而在如今“穿越时空之旅，争做觉醒青年”的呼唤下，如何合理挖掘红色文化遗产，弘扬鲁迅精神、红色文化，与人民相连，与现实相融，打破红色文化弘扬之壁垒，促进红色文化内化于心、外化于行，具有非常重要的价值！

一、《鲁镇社戏》何以走红

《鲁镇社戏》是鲁迅精神文化的艺术缩影。《鲁镇社戏》作为著名导演李悍忠历时三年的匠心之作，从编剧、导演到演员、音乐、服化道具均完美配合，从创意到舞美、视觉、灯光、音响等均高标准严要求。习近平总书记说：“在人类发展的每一个重大历史关头，文艺都能发时代之先声、开社会之先风、启智慧之先河，成为时代变迁和社会变革的先导。”对于普通市民来说，一方面，不忘本来，重温耳濡目染、扎根于骨的鲁迅精神可以激发起内心对于红色文化的自豪感，对爱国主义的热忱和呼唤，更进一步，即对红色文化的认同、弘扬、发扬。另一方面，红色文化也在一定程度上抚慰民众心中的浮躁和精神内耗。在如今工业化信息化浪潮席卷现实生活，社会节奏不断加速，迫使越来越多的人的生活趋于碎片化情况下，人们缺少阅读、提笔忘字，也因此许多承载文化的著作频繁遇冷，阅读产业遭遇严冬，取而代之的是娱乐成为一种司空见惯的休息方式。《鲁镇社戏》融合了鲁迅的经典著作《鲁镇》《故乡》《社戏》《阿Q正传》《辫子》《药》等，配合专业演员现场表演，构建多层次的观影空间，使观众近距离感受前所未有的沉浸式艺术盛宴和文化体验。

延续传统文化，不忘本来、面向未来的新模式，对于红色文化视域下文旅的改革完善及文旅应用中红色文化的发扬，讲好中国故事提供了更高的价值标准和借鉴意义。

二、文旅背景下红色文化继承发扬现状

为进一步了解相关文旅应用下市民对红色文化价值的提升维度和文化辐射力的提升强度，笔者采取文献调查法、现场访谈法和问卷调查法等方式，以部分《鲁镇社戏》的观影者和部分网民为主体，就其对观影前后文化辐射力的提升、个人体悟及对文化传承方面的思考等展开调研，共回收问卷201份，调研情况如下：

(一)调查数据及分析

1. 数据实证

观影前后对红色文化的认识	人数小计	比例
观影后对红色文化有进一步认识	100	49.75%
增添了对红色文化新的观察视角	77	38.31%
对文化传承收效甚微	20	9.95%
无任何作用	4	1.99%

2. 数据分析

问卷调查数据显示，答卷民众对于《鲁镇社戏》此类弘扬红色文化新形式的创作总体上持欣赏的态度，同时在现场访谈中，绝大多数观影者认为节目对鲁迅精神红色文化的传承起到正向作用。通过此类文旅活动体悟生活的正能量，引发共鸣，有利于民众寻求文化价值，激发文化自豪感。其余9.95%和1.99%的民众认为无法起到正向作用的原因主要在于他们认为这类活动重活动轻效果，对于红色文化的本质挖掘浅，同时票价较高，一般民众难以支付，商业气息浓厚，红色文化因素被掩盖和裹挟，不利于红色文化的普及与弘扬。

(二)文旅背景下红色文化传承的现状解析

1. 受众年龄受限

大部分文旅应用的红色文化挖掘浅、解读浅，未把握住红色文化的内核，多趋于一些孩童化的娱乐活动如“红色学堂”“智慧问答”等，寓教于乐的同时忽视了对“教”的强调和传承。同时，类似的这些活动还存在卖点仅对口儿童、所传授内容较浅显、商业性质明显的缺点。

2. 价格劣势

文旅企业(以《鲁镇社戏》为例)由于融合先进的舞台机械、高清异型LED屏、全景式音响、激光跟踪、红外扫描、VR虚拟实时建模等科技手段，加之对江南水乡的高度还原和专业演员的完美表演，文旅企业制作成本高，相对来说整场演出的票价也较高。在物欲横流的当今社会，鲜有人会停下来留出一笔较大的开销去品味民族文化，继承红色基因。如何最大限度地发挥红色文化的价值，同时平衡好文旅企业商业化特征和百姓对文化需求，也是文旅企业面临的一大挑战和迫切需要解决的问题。

3. 内容浅显

《鲁镇社戏》的舞台剧，形象再现了“五四运动”波澜壮阔的宏大场面；《狂人日记》中流露出每一代青年都面临着“天将降大任于斯人也”的时代使命；从《阿Q正传》中可理解中国共产党深刻改变了近现代中华民族发展的方向和进程；从《药》中感受到100年前封建礼教统治下劳苦大众的愚昧和麻木，但此类受众为百姓的舞台剧，其文化内核无法通过合理建构由此产生内心的震慑和震撼，大多数是通过台词等直白对话完成，降低了观众的体验感和感悟性。

三、对文旅背景下红色文化传承与发展的思考

（一）多方齐心，形成合力，打破部门壁垒

文旅企业的各种创新性想法，各种文化传承路径需经实践的检验，百姓的反馈能为红色文化的传承和发展确定方向和角度，形成整体闭环系统，才能更好地推动文旅企业对地方特色的挖掘和百姓对民族精神、对红色基因的深入理解。《鲁镇社戏》尽管鲜少革命斗争场面，但其对红色文化的挖掘存在着不可忽视的启发性作用。文化是飞扬的，精神故乡是浩瀚而无边际的，生动立体的鲁迅精神仍深深感召着不少百姓去探索、去挖掘。

同时，还需要我们整合多种同质红色文化，不断加强文旅行业主管部门、企业自身、科研支持机构、各级各类学校、各类媒体、百姓之间的协调合作，系统保护、通力挖掘红色文化资源的深刻内涵，使之迸发出磅礴的生命力，展现出鲁迅精神、民族精神、红色文化新鲜而热烈的文化底色。

（二）突出地方特色，讲好地方故事，推动红色文化高质量发展

讲好红色故事，必须深入挖掘传统文化的深刻内涵，走“内涵式发展道路”，才能在信息、资源爆炸式增长，舆论、娱乐泛滥成灾的当今吸引

民众目光，充分发挥社会和民众的传播作用。在对红色文化认同、传承和发扬方面，民众是最大的依靠力量，应充分发挥好每个民众的作用，产生巨大的“裂变反应”，推动对红色文化认识的深入，推动文化高质量高水平发展。

(三)形成整体文化产业链，解决文化成本高企问题

红色文化的认同、传承和发扬，不是一朝一夕的事情，需要持之以恒，久久为功。而对于文旅企业高成本问题，需适当延长红色文化产业链，串珠状整合该地区突出红色文化，相互联系相互支撑又彼此独立，各领风骚，保持自身特色，最大限度实现红色文化产业化，实现经济、文化、政策的共赢；将价值规律内化于整个产业链上，达到“人无我有，人有我优”的宝贵内核；与此同时，结合广大受众的兴趣和需求及自身特点，不断开拓创新其内容、形式及传播理念，办出具有地域特色创新性的栏目；需要破旧立新，运用新技术、新手段、新载体多元化展示红色文化魅力，增强红色文化资源活力，提高核心竞争力，实现红色文化传承和文旅企业发展的链接式可持续发展，最终，形成独具地方特色的以红色文化为内核的文旅一体式品牌效应，通过充分融合文化创意产业、教育培训产业、旅游产业以及乡村振兴产业，借助数字媒体技术，对红色文化资源进行二次开发，在彰显民族精神、红色文化资源经济价值的同时，又为传承与发扬红色文化提供有利契机。

四、结语

红色文化的赓续，绝不是单调的参观、讲解，更不会是如“奶头乐”般泛娱乐化产品，需要多方合力，破除孤岛，民众不做看客、不当过客，企业不浅尝辄止、浮于表面。大椽在手，重任在肩，各方应携手完善红色文化传承及弘扬的传播体系，将鲁迅精神、红色文化一脉相承，让红色文化成为不竭的精神动力和强大的力量之源。

关于温州市三垟湿地与大罗山生态环境保护的调查与思考

公共卫生管理学院　丁永辉　肖亦寒　张悦悦

为了解温州市三垟湿地与大罗山地区生态环境保护情况，增强当地居民对环境保护意识，"'卫'医路护航，绘'浙'里底色"社会实践团成员采用线上线下相结合的问卷调查形式，运用统计学方法，对收集到的相关信息进行系统分析。截至2022年7月19日，经审查回收有效问卷数量为393份，通过问卷结果数据反馈，实践团成员发现只有11.94%的受访者十分了解温州市政府对三垟湿地/大罗山的环境保护措施，49.25%的受访者大致听过有关措施，剩下仍有38.81%的受访者对政府的环境保护措施完全不了解，可见政府的环境保护宣传工作与当地居民的环境保护意识都有很大的提升空间，对生态环境的保护应当由当地政府与居民共同进行。

一、前言

我国于1992年加入《湿地公约》，开始关注并进行重要湿地的保护工作，国务院批准并启动实施了全国湿地保护工程规划，湿地保护全面纳入国家国民经济和社会发展规划纲要，同时被广泛纳入生态建设、水资源保护、土地利用等重要行业规划和各级政府发展战略规划，湿地保护管理逐步纳入地方政府决策过程之中，湿地保护主流化的政治构架初步显现。温州市政府近年来对湿地保护工作高度重视，在城市的开发建设中特别注意城市湿地的建设和保护工作。但随着经济及人口的迅速增长，人类生活和生产对湿地的影响增加，导致湿地面积减少，湿地生态系统脆弱，生物多样性受到威胁。政府部门应该加大对湿地的保护力度，采取有效的污染防治措施保护湿地的生态功能，使其在经济发展及人类生存方面发挥作用。三垟湿地与大罗山作为湿地与森林的结合体，是温州市的城市绿心，其不仅能为人类生产生活提供便利，更有着极大的环境保护功能与效应，在提供水源、净化水质、净化空气等方面有着不可替代的作用。为了解三垟湿地与大罗山周边居民对当地生态环境的认识，实践团成员们采用线上线下相结合的问卷调查形式，对温州当地居民开展对三垟湿地与大罗山生态环境的调查。通过本次调查，温州医科大学"'卫'医路护航，绘'浙'里底色"社会实践团将根据汇总后的结果，有针对性地对当地居民进行相关理论宣传，同时实践团成员也将向有关部门反馈现阶段的环境治理问题，为接下来进一步深化温州市城市绿心保护工作提供相关依据。

二、调研对象

此次针对三垟湿地与大罗山的生态环境调研主要在三垟湿地与大罗山及其周边地区展开。在本次调查中，受访群体涉及不同年龄阶层(老年、中年、青年、少年)，不同文化教育程度(不识字或识字较少、小学、初中、高中/职高/中专、大专、本科、硕士及以上)以及不同职业，其中大部分调查对象为拥有温州户籍的温州市民，占调查对象总人数的60%，其在时空角度上对三垟湿地与大罗山生态环境感受较普通人群更为深刻。本次调查共发放问卷396份，最终采用有效问卷361份，调查真实可靠。

三、调研内容

问卷内容包括四个方面，首先是个人基本信息，其次是对湿地等生态景观的认识以及对三垟湿地/大罗山生态环境问题的看法，然后是关于景区环境宣传的参与度和接受度，最后是对三垟湿地/大罗山生态环境保护的建议。另外，实践团还对三垟湿地及大罗山的水质进行了清澈度、水体颜色、水体有无漂浮垃圾以及有无异味等定性的测定，在实地调研时，着重了解了景区的垃圾桶设置和卫生标语摆放状况，并与工作人员取得联系，了解景区生态环境保护有关的宣传活动。

四、调研方法

2022 年 7 月 1 日，通过访问三垟湿地和大罗山的官网、与温州本地老师和同学交流、对湿地等生态相关知识的整合，调研组成员完成了调查问卷的初稿，并于次日在学子广场进行初次问卷调研，分析了当天的调查结果，了解到问卷的设计不够简洁，大众配合度不高，小组成员结合指导老师的意见，制作了第二版的问卷。在 7 月 3 日正式进行大罗山绿色环保行动以及三垟湿地专项调研时，调研组邀请沿途的居民填写了调研问卷，同时利用已有的水质检测装置，对当地的水质状况进行了测定。为了扩大问卷的覆盖率，7 月 6 日到 7 月 11 日每日主题宣讲结束后，在社区负责人协助下，我们完成了对社区居民的问卷调查。问卷调查采用纸质与线上问卷填写两种方式，以适用不同人群。

五、调查分析

(一)受访者对三垟湿地/大罗山生态环境问题的了解情况

1. 关于城市湿地

调查结果显示，73%的受访者认为城市湿地有提供水源的功能，近 64%的居民指出城市湿地的存在能够补充地下水，还有 61%的受访者认为城市湿地能清除并转换有毒有害物质。由此可见，当地居民对城市湿地能改善生态环境有一定的认知，但还是不够全面。

城市湿地环境是城市自然环境的重要组成部分，它以独特的功能，对城市的环境产生着积极的影响。湿地蓄水能力较强，可以更好地帮助城市提升防洪抗灾的能力。同时，湿地能够提供水源和补充地下水源，对城市水资源的保护和利用有积极的作用。除此之外，湿地还能净化城市空气，提升城市环境的质量。湿地的开发和保护，给城市的旅游业发展和人类居住都提供了更好的条件，建设湿地公园对城市的发展意义重大。如果没有湿地，就没有丰富的水资源。同时，水也是湿地的生存之本，离开了水，湿地也将不复存在，二者相互依存、密不可分。因此，水资源的保护，必须从保护湿地开始，而湿地的保护则必须从保护水入手。

针对三垟湿地的水质情况，65%的受访者认为三垟湿地的水质很好，30%的居民认为三垟湿地的水质一般，只有5%的受访者认为湿地水质较差。这说明，虽然大部分居民对三垟湿地的水质较为满意，但提升三垟湿地水质仍然是一项重要任务。

2. 关于整体生态环境

三垟湿地和大罗山是动物的主要栖息地，物种的多样性与两者的生态环境有直接的关系。

经调查，将近93%的受访者在三垟湿地看到过白鹭、鸽子，有41.79%的居民看到过野鸭，大部分受访者还看到过其他动物。由此可见，三垟湿地/大罗山的生态环境适合动物生存。

根据调查结果，大部分受访者认为三垟湿地整体生态环境很好，只有10%的居民认为三垟湿地还有待改善。去三垟湿地调研时，我们也注意到三垟湿地整体看起来干净整洁，人文景观与自然景观相和谐。与三垟湿地相比，受访者对大罗山的评价较低，将近一半的受访者认为大罗山的整体环境有待改善。其中最重要的原因是大罗山残余垃圾过多，常常得不到及时清理，这反映出游客们自身环保意识不够高，难以克制自身的不良行为。为了改善生态环境，提高舒适度，个人应加强环保意识，而政府应充分利用媒体、网络加大环保宣传力度。

(二)受访者对温州市政府针对三垟湿地/大罗山生态环境保护措施的了解以及工作满意程度

1. 对保护措施的了解程度

调研显示，只有11.94%的受访者十分了解温州市政府对三垟湿地/大罗山的环境保护措施，49.25%的受访者大致听过有关措施，剩下仍有38.81%的受访者对政府的环境保护措施完全不了解。可见政府在环境保护宣传上仍存在非常大的漏洞。

自2018年4月打响蓝天碧水净土三大保卫战以来，全国各个政府机关不断加大对生态环境保护力度，在温州，随着《温州市打赢蓝天保卫战行动实施方案》的出台，各项环境保护措施也随之进行。然而直至2022年，仍有大部分居民未能具体了解到政府对于当地生态环境的保护措施。环境保护应由当地居民与政府共同参加，而绝非只是政府的“一人独舞”。经过实践团成员讨论后，我们认为造成如此现象的原因有以下几点：(1)当地居民缺乏生态环境保护相关的知识储备，对生态环境没有保护意识。(2)三垟湿地与大罗山面积广大，而当地环境保护宣讲多通过线下进行，宣传覆盖能力差，无法保证所有当地居民都能及时了解来自政府的环境保护宣传。(3)政府环境保护措施的实施并未惠及当地居民，问卷调查显示，有23%的受访者并未关注到政府的环境保护措施。

2. 对当地环境保护工作的满意程度

在对调查结果的整理中，我们发现71.64%的受访者对当地的环境保护工作持满意态度，有3%的居民认为当地的环境保护工作进行得不尽如人意。这说明当地环境保护工作仍有改善空间。环境保护工作可以分为实地环境改善与环境保护思想宣传。实地环境改善方面，政府可以邀请环境保护专家进行环境专项整治，加强工作专业性，提高工作效率。

在环境保护思想宣传上，调查报告显示近六成温州居民未参与或未了解过景区的生态宣传保护活动，反映了景区相关工作的疏忽，也从侧面反映居民的参与积极性较低，对生态保护的重视程度不高。宣传方式上，62%的居民乐于以纪录片的形式接受宣传，47%的人选择了工作人员专门上访，文创产品也得到了59%的支持，由此可以看出现在的人们相较单一的线下环境保护知识宣传更乐于选择多样性强、可玩性高的宣传方式。因此相关宣传负责单位可以与各团体与企业合作，丰富宣传活动的内容与形式。

六、结束语

通过本次调查，我们发现三垟湿地/大罗山仍存在水体质量下降、森林植被退化、地面存留垃圾等生态环境问题，从这些生态环境问题中，实践团发现过度开发、管理制度不健全是破坏三垟湿地/大罗山生态环境的主要原因。然而温州市政府早在2013年就发布了《大罗山保护管理通告》，近几年也召开过有关三垟湿地的专项整治会议，通过调研结果，我们应该反思有关部门在落实相关工作上是否有所纰漏，或者当地居民是否热心配合相关部门的工作。

生态文明建设离不开政府积极落实政策，更离不开市民积极配合，主动参与生态文明的建设。我们实践团成员也将积极配合相关部门宣传生态保护相关知识，为生态文明建设工作的开展提供可行性建议，为改善温州生态环境贡献自己的一份力量。

◎ 参考文献

[1] 刘侨博，韩晓盈，李爽，刘妍．城市湿地的生态环境保护问题探讨——以哈尔滨市为例[J]．环境科学与管理，2015(6)：147-149.

[2] 杨洁，李鹏宇，谢光园．我国城市湿地公园建设现状与对策[J]．湖南

农业科学，2015(9)：129-133.
[3]史圆浩．区县居民生态文明意识培育研究[J]．公关世界，2022(3)：27-28.
[4]章巧依，潘献瑶，项斌．城市绿心 山水客厅——茶山省级森林公园[J]．浙江林业，2022(6)：21-23.
[5]宋婷婷．旅游地居民生态保护态度的影响因素调查——以漓江流域为例[J]．旅游纵览(下半月)，2015(5)：71-72.
[6]水质检测采样时间与采样频率[J]．能源与节能，2016(6)：35-38.
[7]汪洁琼，唐楚虹，成水平，刘滨谊．温州三垟湿地生态系统服务综合效能评价[J]．中国城市林业，2017(5)：16-20.
[8]王伟，陆健健．三垟湿地生态系统服务功能及其价值[J]．生态学报，2005(3)：404-406.
[9]金云峰，杨玉鹏，蒋祎. 国外湿地公园保护与管理研究综述[J]. 中国城市林业，2015(6)：1-5.

关于居民环保意识的调研报告

仁济学院　徐晨裕

一、实践目的

当前，随着社会经济的飞速发展，人们的物质生活水平有了很大程度的提高，但也面临着日益严重的环境问题，因此环境保护和可持续发展的理念被提上了日程，成为社会关注的焦点。

人类只有一个地球，它是人类赖以生存的自然资源，人们要过上幸福美好的生活，就必须自觉地保护自然环境，爱护地球。然而，近几年来，地球的环境却越来越恶劣：全球性气候变暖，飓风、暴雨等灾害性天气频繁出现，“非典”、禽流感等传染性疾病时有发生，给人类的生活和工作带来严重威胁和诸多不便。这些都是人们不断“伤害”地球的结果。大片的森林被砍伐，碧绿的青山被挖掘，美丽的草原成荒漠，清澈的河水成浊流。树林少了，青山秃了，草原荒了，清水黑了，人们生存的环境变坏，呼吸的空气变差，生活环境被许多有害的东西所“侵占”，病毒趁机钻进我们的体内，因此保护环境尤为重要。

本次调查目的是了解公民的环保意识，并制定相应的措施。调查对象为10~50岁不同地区的公民，调查方法包括问卷调查、抽样调查、个别进行访问等。

二、调查结果

1. 世界环保日的了解情况(哪一天是世界环保日)

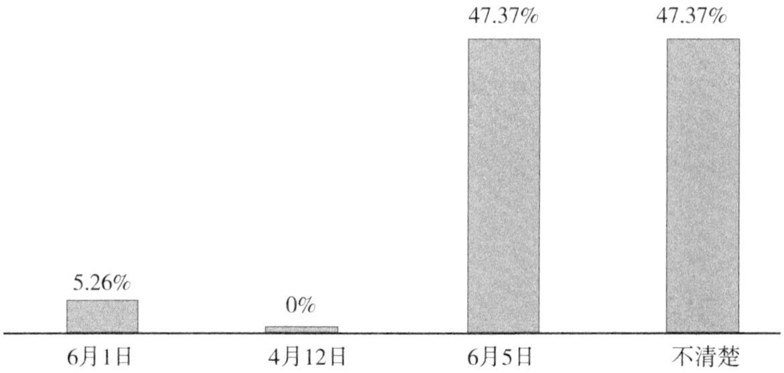

2. 在一家提供一次性筷子和消毒筷子的餐厅时，您会选择

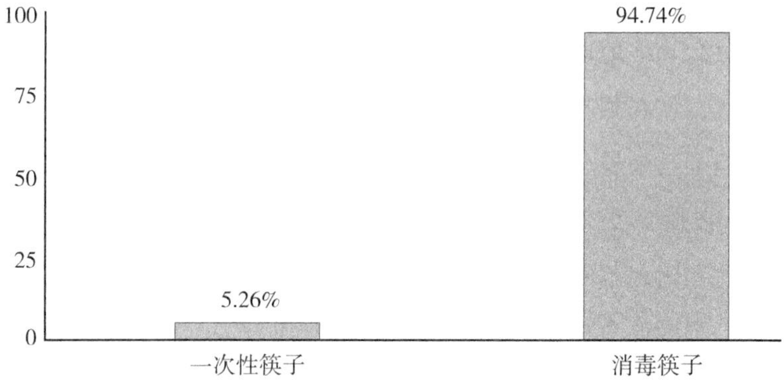

3. 在教室时，看到人不多的情况下，会自觉关掉一些灯或者风扇吗

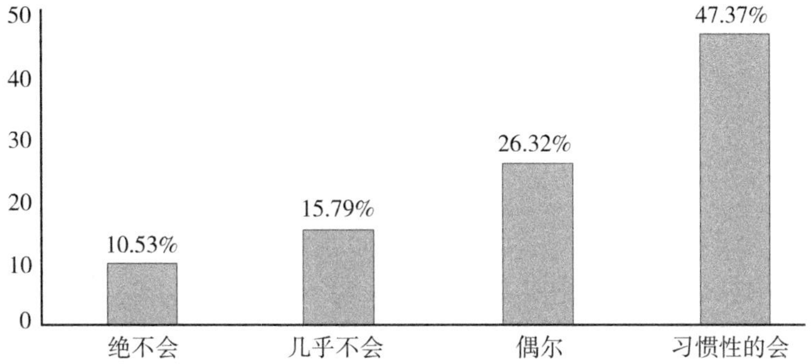

4. 是否会提环保袋购物

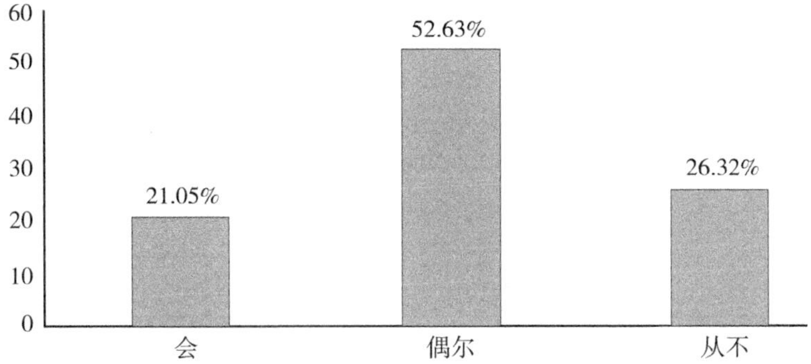

5. 有垃圾没垃圾桶时的处理方法

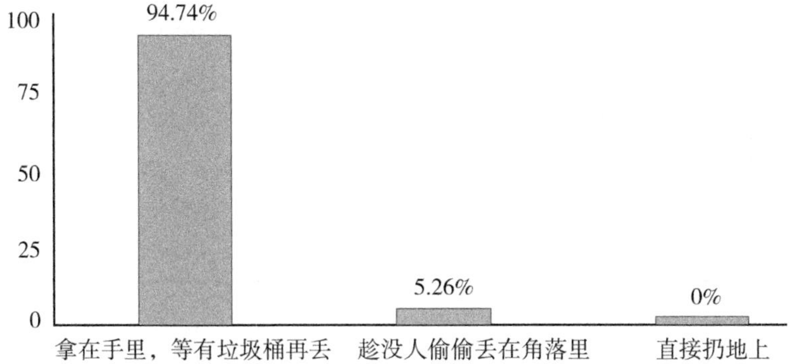

6. 是否有垃圾分类的意识

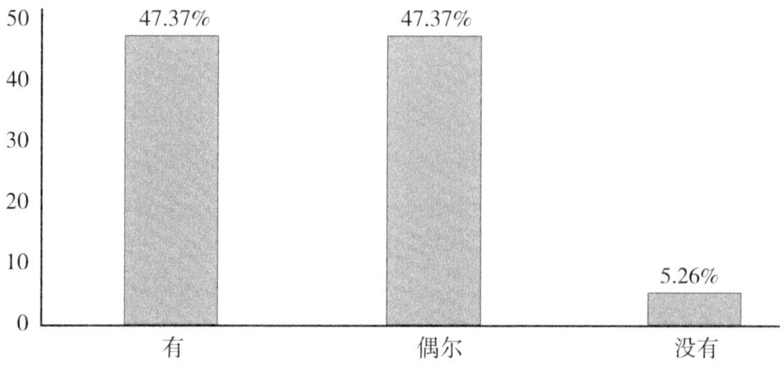

7. 是否有回收旧电池的习惯

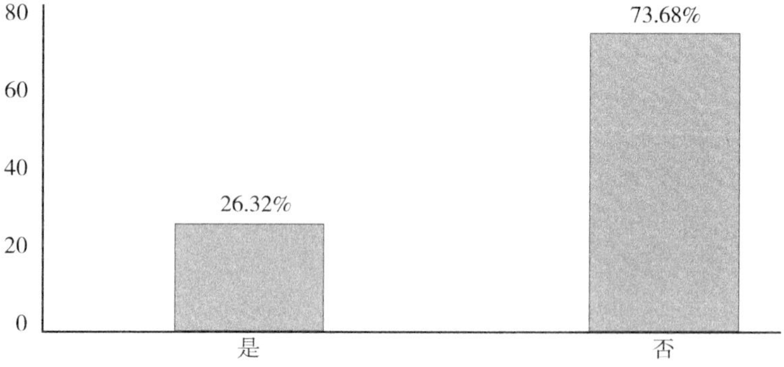

8. 是否会关心环保问题

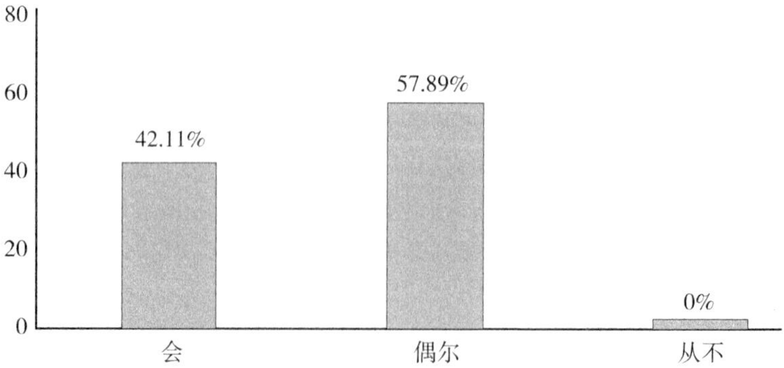

9. 是否会参加一些环保的活动

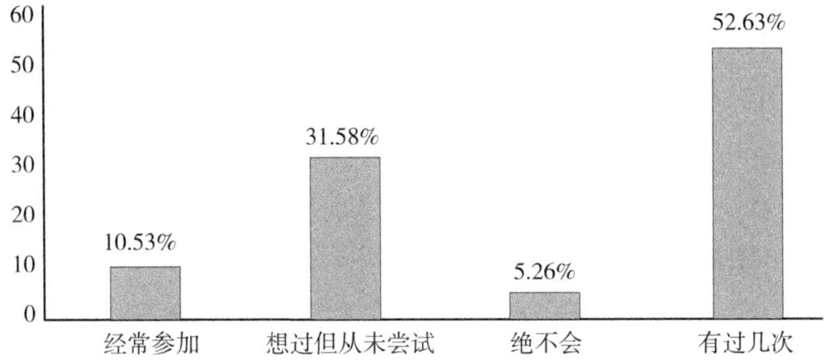

10. 看到其他人乱丢垃圾的做法

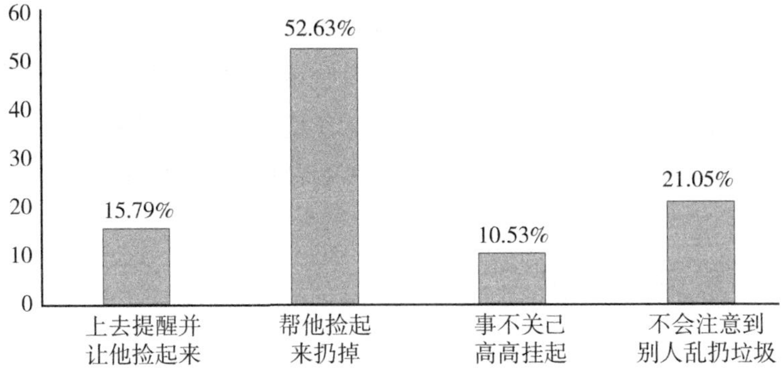

三、调研情况分析

由调查的几个问题统计得知，农村和城市公民的环保意识有一定差异，但差异并不大，很多农村人也懂得垃圾分类和购物袋环保袋的常识。不同年龄的人其环保意识也有差异，虽然25岁以下的人接受了更多的环保教育，但并没有将其落实，反倒是25~50岁的人更有环保意识。由问卷可知，很少有人有回收旧电池的习惯，并非不了解电池的危害，仅仅是因为懒而随意丢弃。由上述第一题可知，有超过一半的人不知道世界环保日是哪一天；由第二题可知，大多数人在消毒筷子和一次性筷子中会选择消毒筷子；由第三、五、六题可知，大多数人具备基本的环保意识，并会做出一些保护环境的习惯性举动，但由上述第十题可看出，当看到别人乱丢垃圾时，约有三成人是采取事不关己、高高挂起、听之任之的态度，可见大家的环保意识还远远不够。

四、实践总结

居民的环保意识仍需强化，环保意识的宣传力度仍需加强，我国新时代的发展战略是实现人与自然的和谐共处，发展的同时要时刻关切环境并保护和改善环境，并制定了很多环境保护策略以及增强人们环保意识的措施。在农村，乡村振兴战略是发展农村经济、提高农民生活水平，主观上加强管理促进环境变好，客观上增强农民环保意识促进环境变好，辅以各种治理措施营造一个更加舒适的农村生活环境。我们要谨遵习近平总书记“绿水青山就是金山银山”的教诲，实现人与环境的和谐发展。

五、意见与建议

环保问题不容小觑，但是环保措施不能千篇一律，要结合当地情况，制定适合当地的措施，像美国是垃圾生产的大国，而且有大量难以分解的化工垃圾，所以他们注重将垃圾变成有价值有意义的东西，也就是变废为宝，并且美国环保工作与法律相挂钩，让环保工作有法可依，有章可循；日本也是很注重环保的一个国家，他们注重垃圾分类和宣传环保意识，日本人从小就被灌输垃圾分类的意识；新加坡为了环保，禁止公民吃口香糖；加拿大连棺材都要用环保材料；巴西建立环境仲裁院；德国对塑料瓶收税……各个国家都有适合自己的一套环保措施。

中国是人口大国，环保工作难免不好落实，而且虽然现在农村发展很快，城乡之间仍存在差距，而且农村里很多老人受教育程度并不高，很难理解一些环保举措，所以我认为可以将环保知识融入到一些电影里，在村里定期播放一些生态电影，或是符合温州人听鼓词的习惯，将环保观念融入温州鼓词中，而对那些受过一定教育的学生，可以将环保与科技相结合，比如将环保和人工智能虚拟现实之类的东西联系在一起，激发他们主动养成环保习惯，强化他们的环保意识。

◎ 参考文献

[1]陈学敏．绿色壁垒的重新定位[J]．世界环境，2004(1)：53-56.

[2]黄桂琴，李慧英．反思我国环境法律建设，应对绿色壁垒[J]．石家庄经济学院学报，2004(4)：16.

[3]孙曜．低碳经济时代下高校大学生环保意识的培育研究[J]．湖北开放职业学院学报，2002，35(7)：50-51.

[4]王泓凯．我国生态电影中的环保意识呈现[J]．环境工程，2022(1)：20.

[5]杨宏，金童林，刘振会，等．敬畏对大学生环保意识的影响：自然联结的中介作用[J]．心理技术与应用，2020(9)：25-28.

关于公民环境生态意识的调查报告

第一临床医学院　宋艾嘉

一、引言

中国特色社会主义进入新时代，我国社会主要矛盾已经转化为人民日益增长的美好生活需要和不平衡不充分的发展之间的矛盾。生态环境问题已经成为全面建成小康社会的突出短板。

自然环境是人类赖以生存的基本条件。科学技术的发展大大提高了人类改造自然的能力，丰富了人类物质文化生活，然而与此同时出现的一些问题如人口增长、污染加剧、资源衰竭等都将进一步导致生态危机，因此，人口、资源、环境及其发展关系，就成为举世瞩目的全球问题。

二、研究目的及意义

研究目的：随着社会飞速发展和现代化工业生产剧增，环境问题的重要性日益凸显。它不仅是一个社会问题，与社会的经济政治发展也有紧密联系，所以我想通过此次调查更加深入了解公民对环境生态保护的态度。

研究意义：此次调查能够更好地将环境生态保护与每一位公民联系起来。公民通过问卷将会更深刻思考环境生态问题对于个人、社会以及世界的意义，而问卷也能反映出当前环境生态保护的问题所在，从而对现存的生态问题提出更合理的建议。

三、调查过程

本次调查方式为问卷调查。

(一)问卷设计思路

第一，问卷先对调查对象的性别、年龄和受教育程度等基础信息进行了解，此举有助于对调查对象进行分类，从而更精确地了解到不同群体对环境生态的认识。

第二，问卷通过对群众在日常生活中的一些环境保护举动的调查，从中了解群众心中是否有环境保护的意识和倾向，也可以间接反映环境保护的措施是否合理和适合日常生活的习惯。

第三，问卷对公民是否了解环保政策也做出了提问，借以分析群众对环境生态保护的关注度。同时了解公民对政策的不同看法，有助于相关部门对政策做出调整，更好地落实环境保护措施，建设绿色生态文明。

第四，问卷也对公民所认为有效的环保方式进行了收集，这可以从侧面反映出环境生态保护所存在的问题。

(二)问卷发放/回收情况

本次问卷调查主要采取线上调查形式，分别发放在微信、QQ 等社交平台。共收集到 46 份有效问卷。

四、统计分析

(一)用户基本信息分析

问题1：您的文化程度

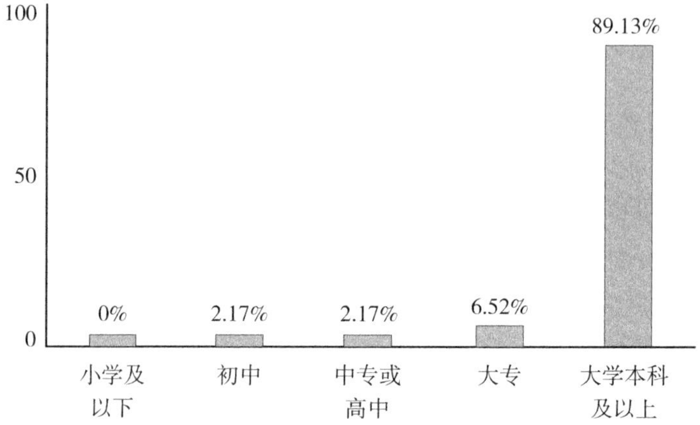

问题2：您的年龄是

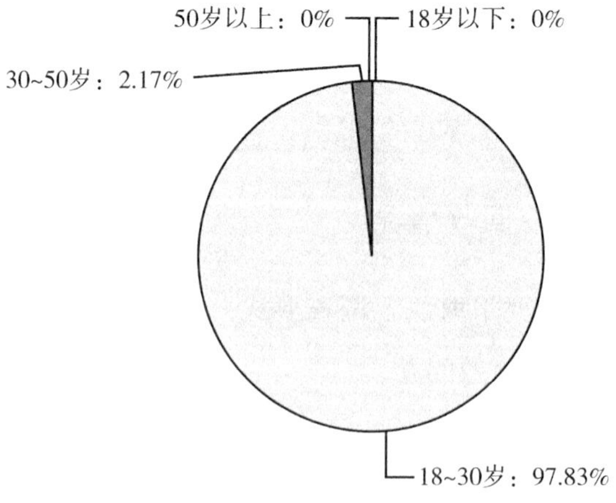

由以上两图可知，本次调查的对象主要为18~30岁具有本科及以上学历的公民。

(二)公民日常生活中的环保措施分析

问题3：您在用水上是否会“一水多用”？

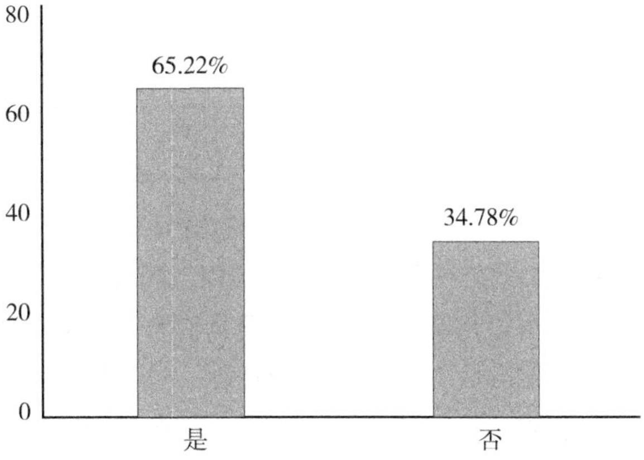

有65.32%的公民会在生活中采取“一水多用”的措施，有效提高了水的使用率，节约用水。但仍有近35%的人并不会在生活中采取这种行为。

问题4：街市、超市购物时，您的习惯是？

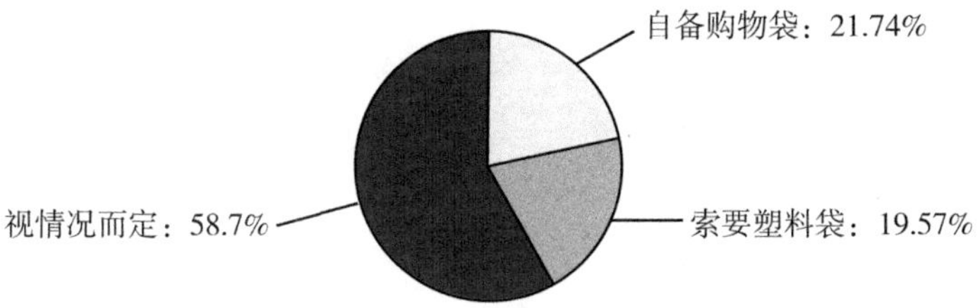

对于塑料袋的使用，大部分居民会视购物情况而定，塑料袋为我们生活、购物带来很多便利，但很多公民并不会自备购物袋。

问题5：您对已阅的传单的处置方法？

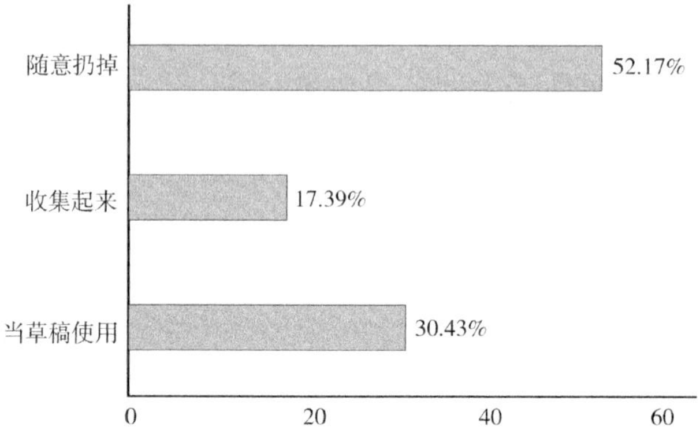

公民对街上分发的传单超过50%会选择随意扔掉，有17.39%的公民会选择收集起来，有30.43%的公民会选择当草稿使用，提高了纸张的利用率。

由上面三个问题可以得知，大部分居民具有环保意识，但碍于日常生活中的种种不便，人们会放弃更加环保的选择。这说明要继续加强公民的生态环境意识教育，强调生态环境的重要性，使公民从内心认可环境保护的重要性并为之付诸行动上的努力。

(三)关于公民对环保政策的看法

问题6：您对"限塑"政策的看法如何？

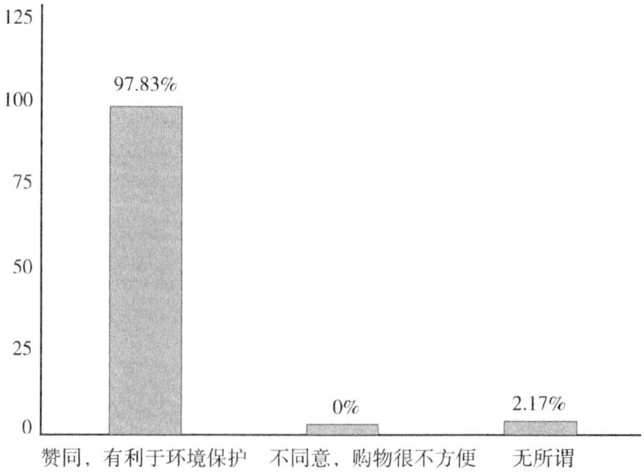

在本次调查的对象中，高达97%以上的公民都对"限塑"政策表示赞同，仅有2.17%的调查对象表示无所谓，由此可以看出公民对"限塑"政策的高度认同。

问题7：在某些地区，已推行垃圾分类回收，并取得不错效果，如果在你的小区也实行类似方法，你认为？

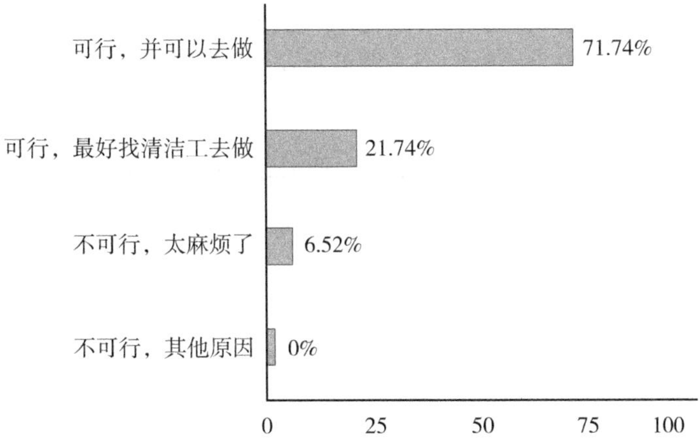

对于垃圾分类的措施，有近94%的公民认为可行。但垃圾分类仍面临很多社会问题，包括相关知识的普及，以及垃圾的后续处理等。不同垃圾的垃圾桶在小区虽然有设置，但由于居民对分类的知识不理解以及认为这种行为比较麻烦，此举并没有很好地得到落实。

(四)公民对现存环境问题以及解决方法的看法

问题8：您发现我们周围存在哪些环境问题？

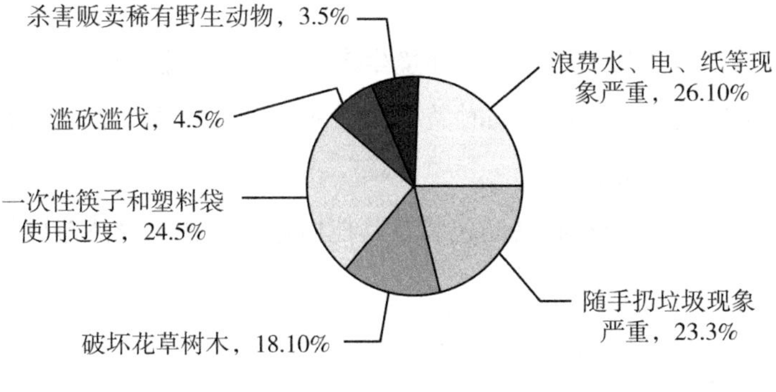

公民认为现存环境问题由多到少的排序为：浪费水、电、纸等现象严重，一次性筷子和塑料袋使用过度，随手扔垃圾现象严重，破坏花草树木，滥砍滥伐，杀害贩卖稀有野生动物等。

由图可知，公民对生态文明的了解程度不高，停留于浅层次上，如只知道乱丢生活垃圾、污水排放、工厂废气会破坏生态环境，但却不知道生产方式、生活方式也是影响生态文明的重要因素。

问题9：你认为下面哪些措施对改善生态环境有较大帮助？

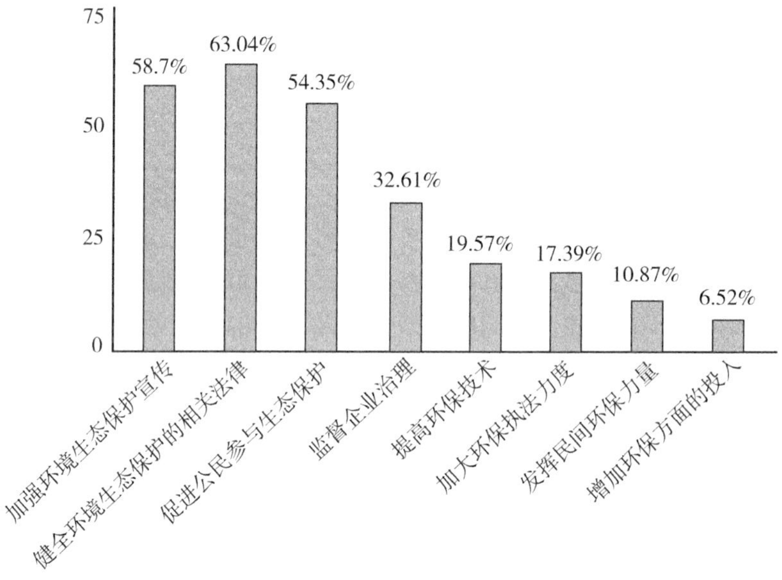

公民选择最多的措施是健全环境生态保护的相关法律。对于环境生态保护，加强宣传是一方面，同时需要详细的相关法律来促进这些环保政策的实施，规范公民的行为。

问题10：您是否担心食品包装及其他白色污染物对身体造成的危害？

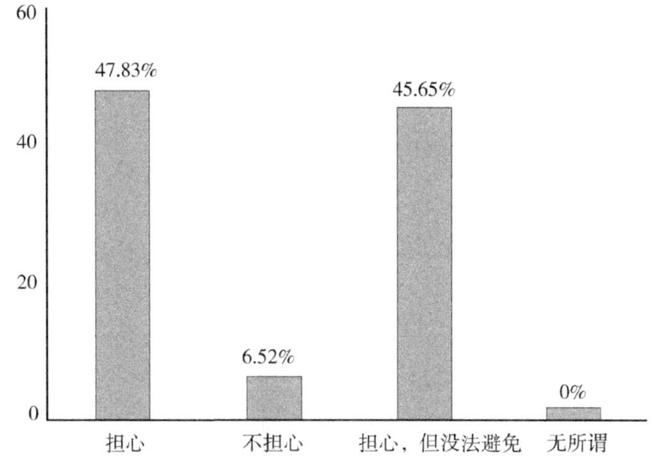

94%的公民对白色污染危害身体健康感到担心，很大一部分公民虽担心却没有办法去避免它。这需要我们每一个人减少塑料制品的使用，合理回收白色废料，营造一个健康绿色的食品环境。

多数利益主体往往会首先关注自身利益而忽略甚至抛弃更高层次的利益，这主要是当前经济发展所带来的必然性问题。

(五)公民日常行为的分析

问题11：如果有人在公共场合扔垃圾，你会：

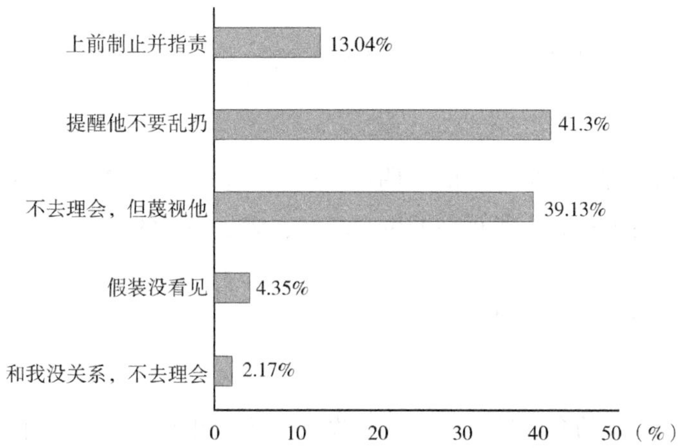

对于乱扔垃圾的不环保行为，超50%的公民会做出举动进行提醒或阻止。近40%的公民进行旁观，但不认同此行为，仅仅6%的公民对此置之不理。可见大部分居民有正确的生态观。

问题12：如果有环保活动你愿意参加吗？

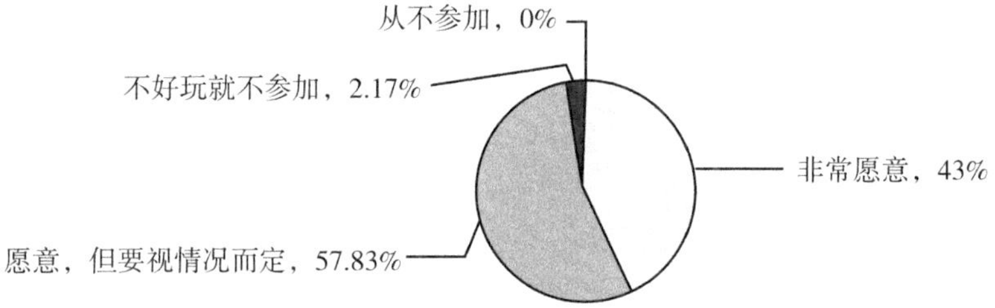

近98%的公民表示愿意参加环保活动，仅2. 17%的公民不愿参加。

问题13：您认为环境保护的目的是？

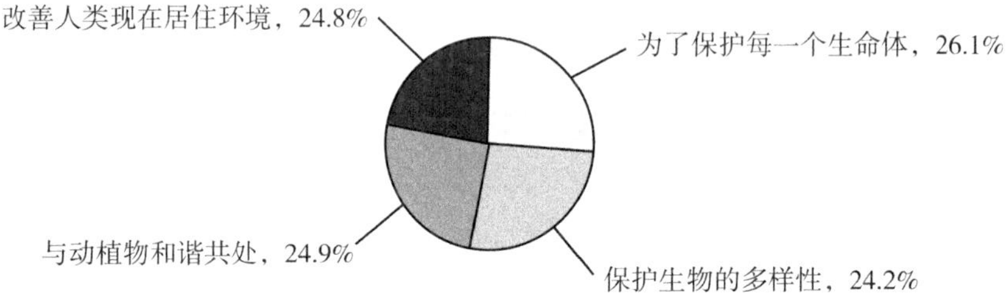

公民认为保护环境的目的有四：保护生命，保护生物的多样性，与动植物和谐相处和改善人类现在的生存环境，满足发展的需要。

五、总结

(1)1995年的全民环境意识调查发现，不同年龄的人在总体环境关心水平上的差异较小。29 岁及以下的年轻人环境关心水平最高，随着年龄的增长，环境关心水平有比较明显的下降趋势。

可见，对于环境生态意识的教育不能只停留在学校，对于环境保护相关知识的宣传应该在全社会持续进行。

(2)政府对涉及生态环境敏感区的重大项目，重点指导优化调整路线、主动避让，加强生态保护和修复，最大限度减缓不良开发行为的影响。

(3)完善环境生态保护相关的法律法规，更好地规范公民的行为，减少生活资源的浪费。

(4)生态环境建设能否乘势而上、顺势而为，勇于担当至关重要。

从问卷调查公民日常生活行为来看，大部分公民具有良好的环保意识，但没有足够的信念与担当，使每一位公民都具有责任感，共同促进环境的可持续发展，任重而道远。

六、建议

(1)利用正反典型开展宣传。利用网络媒体宣扬环保模范和强调生态保护的重要性。同时曝光不文明行为，引导大众实施环保行为，深刻理解环境对个人、国家、世界的重要性。

(2)利用重要节日，如生物多样性日等为契机，加大生态文明的宣传力度，促进全民生态文明意识的提高。

(3)多部门多单位联合开展宣传。整合学校、企事业单位、社会组织、志愿者等力量，形成生态文明宣传工作大格局，推进生态文明教育进家庭、进社区、进工厂、进机关、进农村、进学校，引导全社会牢固树立生态文明价值理念，构建生态环境治理全民行动，共同呵护绿水青山。

(4)创新环保活动形式与内容。针对不同年龄段，结合社会时事与热点，紧紧抓住不同年龄公民的兴趣与目光，以公民乐于接受的方式开展各种环境保护活动。

(5)将环境保护理念融入生活的不同方面。在日常生活用品的包装上标注“请勿随意乱扔”的提示，或者采用更环保的设计方式，牢固树立公民环保意识，并将该意识落实到日常工作及生活实践中。

七、结论

生态意识的核心内涵是人类对人与自然的反思。

本次调查，可以看出大部分公民具有正确的生态保护意识，但对于环境保护的重要性以及其形势严峻的认识还不够深刻，并且公民对于环保，比如垃圾分类的相关知识还不能有效掌握。

面对环境污染严重、生态系统日益退化、资源约束趋紧的严峻形势，公民必须树立尊重、顺应、保护自然的生态文明理念，把生态文明建设放在日益突出的位置，而加快生态文明建设的关键所在则是公民生态环境意识的培育。

◎ 参考文献

[1]陈瑶．加强生态意识教育，培养环境道德行为[J]．佳木斯教育学院学报，2000(4)：41-42.

[2]刘森林，尹永江．我国公众环境意识的代际差异及其影响因素[J]．北京工业大学学报(社会科学版)，2018，18(3)：12-21.

[3]张斐男．中国城市居民环境关心研究评述[J]．绥化学院学报，2014(5)：91-93.

[4]周国文．低碳经济：生态公民的绿色尺度[J]．人文杂志，2011(1)：7-8.

[5]史春．如何提高公民生态意识[J]．环境教育，2021(4)：15-17.

[6]陈小荣，范晔，孙晶晶．公民生态文明意识现状调查与分析[J]．科学咨询(科技·管理)，2018(11)：71-72.

[7]吴娜，舒永久．公民生态文明意识的问题与策略[J]．学习月刊，2014

(22): 31-33.
[8]向定恩. 生态文明意识的内涵特征及考察[J]. 大众文艺, 2019(20): 27-28.
[9]黄垚, 高敬. 环评如何守住生态环境底线[N]. 新华每日电讯, 2022-07-22(4).
[10]段利梅. 让良好生态环境成为高质量发展最浓底色[N]. 濮阳日报, 2022-06-02(1).

医疗卫生篇

关于温州市无障碍设施及特殊教育学校建设的调查与思考

第一临床医学院　阮梓峰

目前我国有 2.6 亿老年人，失能、半失能老年人超过 4400 万，各类残疾人总数已达 8500 万，其所影响的家庭成员以及其他有特殊需求的人群极为庞大。相应地，对于无障碍设施的需求量也急剧增长。而特殊教育主要是面向视力、听力、言语、肢体、智力、精神、多重残疾以及其他有特殊需要的青少年提供的教育，是教育事业的重要组成部分，是建设高质量教育体系的重要内容，是衡量社会文明进步的重要标志。目前特殊教育普及水平、保障条件和教育质量得到了显著提升，但还存在发展不平衡不充分等问题，仍是教育领域的薄弱环节。为认真贯彻党中央、国务院决策部署，推动特殊教育高质量发展，“十四五”特殊教育发展提升行动计划得以提出。为推进温州市无障碍设施及特殊教育学校建设，深入了解特殊群体的生存现状及生存环境，我们在温州市内进行了一次为期 13 天的调查研究活动，希望本次调研能够引发社会对残疾人群体与特殊教育的关心，为特殊群体创造更好的生存环境。

一、调研内容及方法

（一）调研内容

本次小型调研主要围绕无障碍设施、特殊教育学校以及大众对特殊群体生存现状的了解程度这三个方面进行，具体情况如下：

1. 无障碍设施方面

调研内容涉及实地考察无障碍设施装备情况，包括但不限于实地安装无障碍设施地点、装备数量、使用情况、使用评价、安装时间、新旧程度等；了解政府官方网站无障碍通道建设情况、使用次数、建成时间、建设规范程度等，以及往期新闻报道后相关地点设施更新情况。

2. 特殊教育学校方面

调研内容主要为专门采访特殊教育学校校长或教职工等，了解他们的教学感想，以及对特殊教育行业现状的分析等。

3. 大众对特殊群体生存现状的了解程度

这方面主要是调研大众对无障碍设施、特殊教育、特殊群体等的了解程度。

(二)调研方法

本次调研主要采取问卷、访谈、实地调研、查阅文献及记录材料等方法。

二、调研情况分析

我们对温州市内瓯海区、乐清市两地人流量较大的地区进行了实地调研，抓取了往年新闻报道的 8 处无障碍设施不规范地点进行了走访，对温州市特殊教育学校、乐清特殊教育学校、瓯海利宝特殊教育学校这三所学校进行了专门走访，还对 44 个温州市官方网站无障碍通道建设情况进行了调研。除此之外，共发放问卷 72 份，其中有效问卷为 70 份。

(一)无障碍设施

1. 无障碍设施安置情况

该部分调研主要从调研地点周边无障碍设施名称、装备数量以及无障碍设施安装地点、装备数量、新旧程度、规范程度等方面进行记录。

(1)瓯海区

瓯海区共调研了9种无障碍设施、21处地点。

无障碍设施名称	安装地点	装备数量	新旧程度	规范程度
行进盲道	温州医科大学周边、温州南站周边	温州医科大学周边未见残缺情况、温州南站周边公交站台处有多处缺损	中等(大概多年未更新)	
	轻轨S1线 三垟湿地站 惠民路站 新桥站	每个轻轨站的盲道从轻轨站外起，进入站内，通向无障碍通道，再左右分开，通向两个不同方向的无障碍电梯，从无障碍电梯出来后，盲道横向通向所有候车区，纵向通向爱心通道	新	

续表

无障碍设施名称	安装地点	装备数量	新旧程度	规范程度
无障碍坡道	欧京花苑站	其无障碍通道配备无障碍坡道，便于乘坐轮椅的人士上下站台	较新	
无障碍通道	温州南站周边6、7公交站台	无	调研组未见，询问工作人员称不知道	
	附一医南大厅入口处	有无障碍通道	较新	有专人管理，且该通道的防疫码查询、测温、安检都快速便捷
	轻轨S1线 三垟湿地站 惠民路站 新桥站	每个轻轨站配备2个无障碍通道，一进一出	新	通道比一般通道要宽，且有盲道通过，规范
	欧京花苑、温州科技学院、温州大学北校区等公交车站	有无障碍通道	较新	部分无障碍通道没有做成斜坡式，台阶式的无障碍通道虽然配备有盲道，但依旧不便于通行，且无障碍通道一般存在于BRT站台，普通站台则没有

续表

无障碍设施名称	安装地点	装备数量	新旧程度	规范程度
无障碍厕位	温州南站周边厕所、温州新城大象城、温州南站内厕所	有3处	温州南站周边厕所未开放；温州新城大象城公共厕所设施较少，安全抓杆被物品遮挡，与其说是厕所不如说是杂物间；温州南站内公共厕所装备完善、卫生情况良好	
	附一医门诊大楼共有4幢，每幢每层配备一个无障碍厕所	每幢每层配备一个无障碍厕所	卫生状况良好，有两种马桶可方便不同类型的残障人士使用，安全抓杆牢固且数量较多，有紧急呼叫铃，其安装位置明显，颜色鲜明	有清洁阿姨负责打扫，卫生保持良好，且无杂物堆积情况
	轻轨S1线 三垟湿地站 惠民路站 新桥站	每个轻轨站配备1~2个无障碍厕所	卫生状况良好，有一种马桶可以使用，安全抓杆配备完善，有紧急呼叫铃	有清洁工专门负责打扫，卫生保持良好，且无杂物堆积情况

续表

无障碍设施名称	安装地点	装备数量	新旧程度	规范程度
无障碍电梯	温州南站内	有2部	均未开放，其中一处荒废程度较高	
	附一医门诊大楼靠边的位置	每幢门诊楼配备两个厢式电梯	使用程度高	因为附一医上下楼主要通过大厅正中的扶梯，所以靠边的电梯使用人士一般为乘坐轮椅的人
	轻轨S1线 三垟湿地站 惠民路站 新桥站	每个轻轨站配备2个无障碍电梯，分别通向两个相反方向的候车区	使用程度高，且无障碍电梯正对爱心通道，其旁有无障碍渡板，当有乘坐轮椅的人士经过时，站务员会帮助其上车，上车位置也方便其下车后通过无障碍电梯下楼	
无障碍渡板	轻轨S1线 三垟湿地站 惠民路站 新桥站	每个轻轨站配备2个无障碍渡板，分别位于两个相反方向的候车区	同上	有站务员管理并帮忙使用

续表

无障碍设施名称	安装地点	装备数量	新旧程度	规范程度
其他	轻轨 S1 线 三垟湿地站 惠民路站 新桥站	每个轻轨站配备 1 个轮椅	较新	有咨询台人员进行管理，可通过 S1 热线电话预约使用

调研的 21 处地点无障碍设施情况如下：

地点	无障碍设施名称及数量
温州医科大学附属第一医院新院区	无障碍厕所+无障碍通道+轮椅
温州南站	行进盲道多处、提示盲道多处、无障碍通道 1 处、无障碍洗手间 2 处、无障碍电梯 2 处
瓯海农商银行	无
中国工商银行	
温州银行(鹿城分行南白象支行)	
中国建设银行(附一医南大街)	
温州大学溯初校区	盲道
温州医科大学附属第一医院新院区东	盲道
温州大学北校区	盲道+无障碍通道
南仙实验小学	无
温州科技学院	盲道
高翔站	盲道
东风站	盲道
83 路公交	
B104 路公交	

续表

地点	无障碍设施名称及数量
B103 路公交	
92 路公交	
大象城	无障碍厕所 1 处
三垟湿地站	无障碍厕所+无障碍通道+无障碍电梯+无障碍渡板+盲道+轮椅
惠民路站	无障碍厕所+无障碍通道+无障碍电梯+无障碍渡板+盲道+轮椅
新桥站	无障碍厕所+无障碍通道+无障碍电梯+无障碍渡板+盲道+轮椅

(2)乐清市

该地区共调研了 8 种无障碍设施、5 处地点。

地点	无障碍设施	情况
乐清市体育中心	无	该体育中心为田径场，可能因此而未设
乐清市人民医院	无障碍厕所	有标志，但锁门，需联系阿姨开门
	无障碍轮椅	有标识
	无障碍坡道	有标识，有人使用，规范
	无障碍停车场	有标识，找不到，没有或建设不规范
	母婴室	有标识，未仔细搜寻
宪法主题公园	无障碍通道 1	有标识，建设较为规范
	无障碍通道 2	有标识，通往台阶
	无障碍厕所	有标识，建设规范
乐清市图书馆	无障碍坡道	有标识，但不清楚大门是否能容纳轮椅通过

续表

地点	无障碍设施	情况
公交车	急救箱	有，且摆在明显位置
	爱心专座	供给带拐杖的人

2. 无障碍设施更新情况

该部分调研根据往期新闻，整理出了以下 8 处无障碍设施不规范地点，并实地考察其更新情况。

地点	无障碍设施名称	曾经的问题	改进情况
BRT	无障碍通道 无障碍坡道	公交车上无障碍坡道设施易出故障；没有语音播报	未尝试
聚鑫苑农贸市场	无障碍坡道	入口要么是台阶，要么有人为障碍，要么比较陡，较危险	未改进
欧洲城沃尔玛超市	无障碍通道、直升电梯	通道用栏杆围住，无法使用	未改进
下吕浦的市地方税务局鹿城税务分局	无障碍坡道	有无障碍坡道，但该通道被一大花盆挡住，根本无法通行	已解决改善
下吕浦世纪联华超市	扶手电梯	没有升降电梯，扶手电梯前有台阶	未改进
东南剧院	无	未设置无障碍坡道	未改进
世纪公园北	无障碍设备	容易出问题	未尝试
车站大道	盲道	部分盲道被车辆或其他异物阻挡，设置不合理	

新闻报道相关地点改善情况

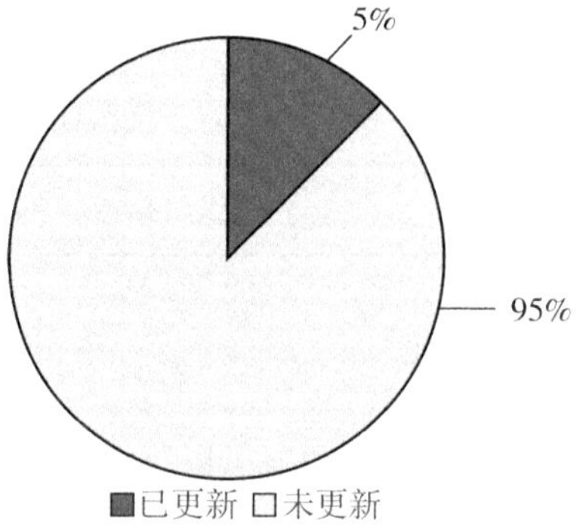

根据以上调研情况可知，尽管媒体进行了批评性报道，但无障碍设施不规范地区仍有较多未做出改变。

3. 44个温州政府官方网站无障碍通道建设情况

网站名称	网址	是否有无障碍设施装备	备注
温州市人民政府	www. wenzhou. gov. cn	是	
温州市教育局	edu. wenzhou. gov. cn	是	“读屏”功能无用，且点击网站内的文章时“无障碍阅读”无法打开
温州市发改委	wzfgw. wenzhou. gov. cn	是	“读屏”功能无用
温州市住房和城乡建设局	zjj. wenzhou. gov. cn/	是	“读屏”功能无用
温州市人力社保局	hrss. wenzhou. gov. cn/	否	有“无障碍阅读”按钮，但是点击无效
温州市统计局	wztjj. wenzhou. gov. cn/	否	“读屏”功能无用，且点击网站内的文章时“无障碍阅读”无法打开

续表

网站名称	网址	是否有无障碍设施装备	备注
温州市自然资源和规划局	zrzyj. wenzhou. gov. cn/	否	“读屏”功能无用，且点击网站内的文章时“无障碍阅读”无法打开
温州市卫生健康委员会	www. wenzhou. gov. cn	否	“读屏”功能无用，且点击网站内的文章时“无障碍阅读”无法打开
温州市市场监督管理局(知识产权局)	wzmsa. wenzhou. gov. cn	否	“读屏”功能无用，且点击网站内的文章时“无障碍阅读”无法打开
温州市文化广电旅游局	wl. wenzhou. gov. cn	否	“读屏”功能无用，且点击网站内的文章时“无障碍阅读”无法打开
温州市房地产市场信息肉	www. wzfg. com/real-web/stat/FirstHandHome. jsp	否	
温州体彩网	www. wztc. cn	否	
温州市医疗保障局	ybj. wenzhou. gov. cn	否	“读屏”功能无用
温州市生态环境局	sthjj. wenzhou. gov. cn	否	“读屏”功能无用
温州市水利局	wzsl. wenzhou. gov. cn	否	“读屏”功能无用
温州市公共数据开放平台	data. wz. zjzwfw. gov. cn/jdop_ front/index. do	否	
温州市人民防空办公室	wzrf. wenzhou. gov. cn	否	“读屏”功能无用
温州市民族宗教事务局	mzzj. wenzhou. gov. cn	否	“读屏”功能无用
温州市人才网	www. wzsrc. com/Default. aspx	否	

续表

网站名称	网址	是否有无障碍设施装备	备注
温州指数	wzpfi. gov. cn	否	
温州天气网	www. wz121. com/main. html	否	
龙港市政府网站	www. zjlg. gov. cn	否	“读屏”功能无用
温州市社会保险网上申报系统	m12333. cn/platform/mew. html	否	
温州市经济和信息化局	wzjxj. wenzhou. gov. cn	否	“读屏”功能无用，且点击网站内的文章时“无障碍阅读”无法打开
温州市国资委	wzgzw. wenzhou. gov. cn	否	“读屏”功能无用
温州市金融办	wzjrb. wenzhou. gov. cn	否	“读屏”功能无用
温州市交通运输局	wzjt. wenzhou. gov. cn	否	“读屏”功能无用
清廉温州	wzlzw. wenzhou. gov. cn	否	
温州市总工会	www. wzgh. org	否	
温州交运集团	www. wzsjy. com/static/index. html	否	
温州市财政局	czj. wenzhou. gov. cn	否	
温州公安网	wzga. wenzhou. gov. cn	否	“读屏”功能无用，且点击网站内的文章时“无障碍阅读”无法打开
温州市少年宫	www. wzsng. com	否	
温州市商务局	ftec. wenzhou. gov. cn	否	“读屏”功能无用
温州统战部	www. wztz. org. cn	否	
温都网 -温州都市报	www. wendu. cn	否	
永嘉县人民政府	www. yj. gov. cn	否	“读屏”功能无用
温州中学招生网	zs. wzms. com	否	

续表

网站名称	网址	是否有无障碍设施装备	备注
温州人才之家-温州市人才服务平台	reward. wenzhou. gov. cn/wzrc/	否	
温州市教育招生考试网	www. wzksy. cn/	否	
温州市艺术学校	artschool. wzer. net	否	
温州市科学技术局	wzkj. wenzhou. gov. cn	否	“读屏”功能无用
温州经济技术开发区	www. wetdz. gov. cn	否	
温州新闻网 -浙江省重点新闻网站	www. 66wz. com	否	

由中国互联网协会组织调查的在2019年3月于人民网发布的《温州市政务公共事业服务网站无障碍建设情况报告》称：“在信息社会里，就残障人士的生存发展而言，信息无障碍较之于城市设施无障碍具有同等甚至更为重要的意义，已成为社会广泛共识”，“从调查情况来看，目前在温州市人民政府及党政机关、公共事业单位的66个网站中，仅有3个单位网站开展了无障碍建设，应引起温州市人民政府及相关单位的足够重视。同时，目前已开展无障碍建设的网站，由于在网站无障碍建设工作中，采用的建设方式不符合国家规范要求，服务模式不能满足残障人士需求，请相关单位关注和改进”。

而从此次开展的调研中可知，绝大部分相关网站仍然未做好无障碍设施建设，没有起到“信息助残”的引领作用。

（二）走访特殊教育学校

我们实践团还实地走访了瓯海利宝特殊教育学校，校长李敏爱并接受了我们的采访，采访情况如下：

1. 您认为目前特殊教育行业的痛点有哪些？

“我经常跟我们的主管领导开玩笑说，你真正扶贫的时候要从儿童入手，多关注儿童教育，比如说特殊儿童教育，多投入一点钱，就是为社会扶贫作贡献。因为我们现在的康复机构，师资不稳定，包括我们利宝也不稳定，因为老师很辛苦，待遇很低，好的老师留不住。所以我想这一块是我们温州所有康复机构的痛点。这一块真正需要政府加大投入，对康复机构的扶持，对康复机构教师的扶持，就是对孩子最大的支持。老师的能力提升了，那康复的效果就出来了。”

2. 您创办学校的理念是“一切都是为了孩子的生存”，那您认为这种教育理念有什么意义吗？

“我们一直在抓这个工作——就是让这个学生最基本的自我生存问题能被解决。所以我们学校的一个整体理念是生存教育，一切教育只是为了孩子的生存。以生存教育为起点，养成教育为特色。

“我也跟所有人说，每个人都不应忘记初心，办这个学校不一定是为了赚钱，真正的目的是让每个学生有一点点进步。比如说不会吃饭，到这里(利宝学校)学会吃饭，那他回家就不要别人喂饭。他不会上厕所，他们学会自己上厕所，那对这个家庭就会减轻很多负担。所以说我们学校的使命是康复一个学生，幸福一个家庭。”

3. 社会上的一些爱心人士来学校提供资助的时候，您是怎么对待处理的？

“目前社会上企业家对我们的支持，包括物质和精神的支持都很多。我觉得企业家和整个社会爱心人士给我们的支持，这份爱心我们也要让学生传承出去。所以外面给我们的爱，我们学生在内部把它传承下去，比如说‘大手牵小手’活动，让大的孩子带小的，习惯好的带弱的，那就是爱的一种流动。我们也通过各种不同的形式来回报、来感谢社会。”

4. 就特殊教育行业而言，您对我们团队未来的调研有什么期待？

“要真正到基层去，到每一个机构去，每一个点上去。我们既然去调研了，就要全面地了解，你过来一个小时、两个小时，了解到的都不一定是真实的。所以做调研的时候一定要到最苦的地方，那你了解的情况，你反馈的问题才是真实的。”

5. 学校之前报道过有一个学生考上了大学，是一个叫毛伊莉的女孩子，您对她的故事有什么印象吗？

“那个女孩子是肢体发育比较迟缓。家长的选择还是很重要的，这个孩子妈妈一直很相信我们学校，孩子一直都在我们学校上学，一直上到高中。我们学校的老师分层教学，给她上的就是普校的课程，别人用配置教材，她用的是普校的教材。学校给她的支持很大，而且学校里面很多机会让她去锻炼。考上大学以后，她也在暑假的时候回来做义工，去年暑假的时候也是在这里，帮老师做事情。还有就是学校对于她自信心的建立是下了功夫的。以后你们在社会上遇到这些孩子的时候，不要用异样的眼光去看他们。有时候我们家长带孩子出去逛商场，别人不理解，用异样的眼光去看他们的时候，家长心里难免很难受。如果社会不接受、不支持他们的话，那他们带孩子出去的次数就会越来越少，让孩子去融入这个社会的机会就会越来越少，这对孩子自信心无疑是一种打击。我相信你们以后遇到他们的时候，会伸出援助之手，让他们在这个社会当中感受到更多的温暖，感受到这个社会的支持。”

（三）大众对于特殊群体生存现状的了解程度

该部分调研以发放问卷为主要方式，共发放问卷 72 份，收回有效问卷 70 份，问卷由 10 道题组成，以下仅列出 3 道题目。

1. 您周围的障碍人士出行时是否经历过以下障碍或不方便的情况？（多选）

A. 超市等地方没有无障碍坡道或无障碍坡道不规范

B. 公交车上没有无障碍设施

C. 楼层之间没有无障碍电梯

D. 找不到无障碍厕所

E. 盲道建设不规范或有异物遮挡

F. 其他

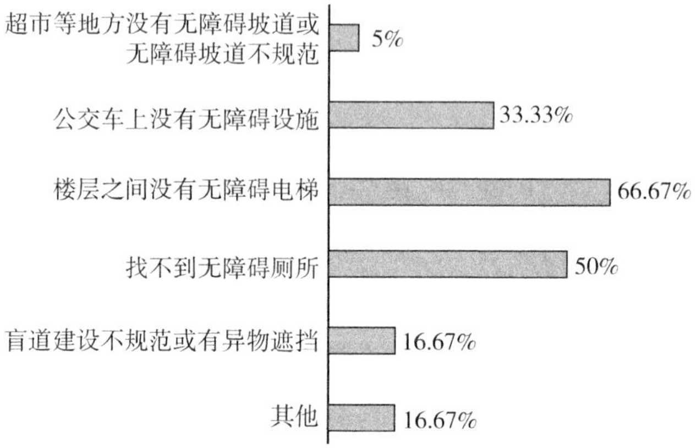

2. 您平时对无障碍设施关注吗，关注程度怎么样？

A. 经常关注　　B. 偶尔关注　　C. 很少关注　　D. 不关注

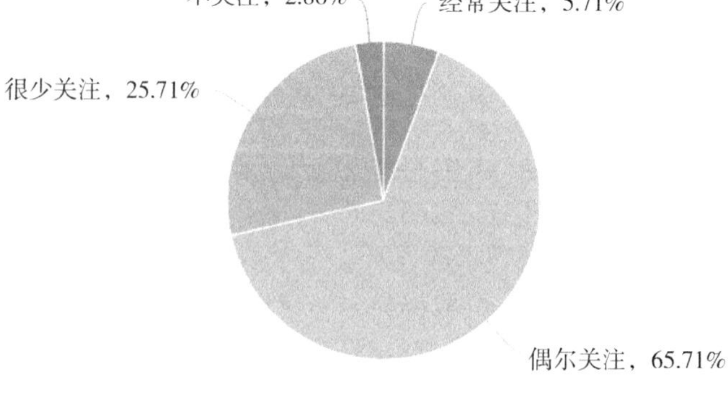

3. 就您平时关注而言，您认为下列不规范情况常见程度排序是怎样的？

A. 超市等地没有无障碍坡道或无障碍坡道不规范

B. 公交车上没有无障碍设施

C. 楼层之间没有无障碍电梯

D. 找不到无障碍厕所

E. 盲道建设不规范或有异物遮挡

F. 没注意过

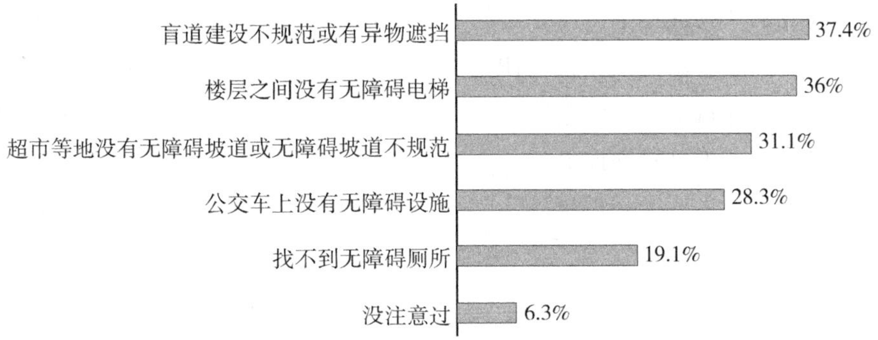

三、思考与建议

（一）温州市内无障碍设施建设问题

1. 无障碍设施建设三“不”问题

不充分。自 2012 年 8 月 1 日起施行的由国务院颁布的《无障碍环境建设条例》规定：“无障碍环境建设发展规划应当纳入国民经济和社会发展规划以及城乡规划。”但在调研过程中，部分地区如“温附一”等无障碍设施建设比较完善到位，但大部分地区存在缺少无障碍设施的现象，如所有的公交车站台都没有盲人提示音，温州南站为温州人流量较大的地点，却缺少无障碍电梯。这是在一开始的建设环节就缺失了，没有建设，更无法谈后续的规范管理。

不规范。《中华人民共和国国家标准无障碍设计规范》《Web信息无障碍通用设计规范》等条例都明确列出了几乎涵盖全部无障碍设施的规范操作，说明无障碍设施的建设装备等问题是有文可依、指示清楚的。但实地调研结果数据表明，无障碍设施还存在多种建设不规范、多地建设不规范问题，如盲道被人为占用、无障碍通道被拦截等，使很多无障碍设施成为摆设。

不管理。有关温州市内无障碍设施的报道早已经是"陈题""旧题"，且文中都曾明确指出建设不规范地点，记录了特殊群体的使用感想，但在调研组前往的8处地点中，仅有1处地点进行了调整，7处地点都没有进行改进，原因除了新闻媒体没有跟进外，更多的是相关部门在看到报道后，没有采取实际行动。除此之外，没有报道过的地点，无障碍设施不规范问题鲜见有相关人员来管理维护。

2. 无障碍设施问责主体问题

无障碍设施的管理责任究竟"花落谁家"，在调研过程中，一直没有答案，"重建设，轻维护"的现象随处可见。

3. 无障碍设施理念宣传不到位问题

从问卷结果来看，大多数人对特殊群体是不了解的，对于他们的生存环境不清楚也不关注。这一方面是因为新闻媒体等对这一话题的关注程度不够、跟进程度不够，另一方面也是因为管理无障碍设施的相关部门人员缺职缺守，没有组织过相关无障碍设施理念的传播活动。宣传不到位直接带来的就是大众对特殊群体、对无障碍设施的关注程度不够。

(二)温州市内特殊教育学校问题

1. 学校众多，但专业程度参差不齐

在与瓯海利宝特殊教育学校校长李敏爱的交流中，我们了解到温州市

内的特殊教育学校目前有百余所，但管理制度的专业程度、教职工的专业程度、教育理念、教学措施等存在较大差别，教育效果也各自不同。

2. 政府投资力度不够

在谈到学校的收入问题时，李校长曾跟我们提到很多学生家里贫困，学费交不上，但她又舍不得不让孩子来上学，于是学校财政这一块便有很大欠缺。而学校的经费直接关系到招聘的力度、好人才能否留下来等问题。教书育人不能光靠情怀，更要有实质性的保障与帮扶。“现在的康复机构，师资不稳定，包括我们利宝也不稳定，因为老师很辛苦，待遇很低，好的老师留不住。”李校长如是说。

(三)温州市内特殊群体生存环境改善建议

1. 树立责任主体意识，巩固保障制度

贯彻落实无障碍设施建设，第一步要做的就是厘清责任主体，加大强制措施，让无障碍设施的管理责任主体不再成为“谜”。自上向下，对于无障碍设施建设的规范制度要有，保障无障碍设施建设执行的制度也应适时出台，一定的监督举报机制也能使保障建设真正落地。责任主体要肯下功夫、肯动脑筋，而不是“有令则改”“只求达标”。适当时候，可采取在人流量较大地区或无障碍设施需求量较大地区张贴设施负责处联系电话的举措等，让公众看得见。同时也应加大对日常无障碍问题点位的巡查、督促和整改等执法力度，推动全市无障碍环境建设全面开展。

2. 完善无障碍设施，加强保障力度

让特殊群体出行安心、舒心、放心，离不开建设系统、完善、优质的无障碍设施与无障碍服务，应将特殊群体对建设情况的评价与态度纳入考量范围，同时施以专业的尺度标准，提倡推行人性化、专业化、通用化的无障碍设施。在设施建设的基础上，辅以一定的无障碍服务措施，例如可

在无障碍设施较为密集的地方设置“爱心柜台”等，专门用来解答无障碍设施安装地点、使用方式等问题。将设施与服务进行有机结合，并大力鼓励创新性无障碍设施的创制、建设，加大服务力度，形成系统性的无障碍环境。建设良好的无障碍环境，既彰显着一座城市的人文底色，更彰显着它的文明蕴养。

3. 促进无障碍理念传播，提高保障温度

无障碍设施环境要想建设落地，还需要大众的主动维护、支持。有些盲道被车辆占用，建设好的无障碍通道等被人为阻拦，这些现象反映出大众对无障碍理念的不清楚、不明晰、无意识。只有在全社会形成无障碍理念广为传播的氛围，扫除心中之“盲”，才能为特殊群体绘制更为广阔的蓝图。

（四）团队未来调研方向

团队未来的调研方向应致力于两个方面：更深一步地与政府相关人员交流探讨特殊群体生存环境，更深一步地了解大范围的特殊教育学校的具体情况。

1. 更深一步地与政府相关人员交流探讨特殊群体生存环境

无论是问卷调查还是在与特殊教育学校教职工的交流探讨中，在提到特殊群体生存环境提升这一主题时，他们都提到了政府是此过程中必不可少的一个主体。就这一点而言，如何与政府相关部门人员交流合作，如何做到借力于政府、施力于大众，是未来团队需要思考的问题。

2. 更深一步地了解大范围的特殊教育学校的具体情况

“要真正到基层去，到每一个机构去，每一个点上去，我们既然去调研了，就要全面地了解，你过来一个小时、两个小时，了解到的都不一定是真实的。所以做调研的时候一定要到最苦的地方，那你了解的情况，你反馈的问题才是真实的。”李校长在与调研组成员交流的时候，曾经这样说过。因此团队未来的调研定位不仅要着眼于借力方——政府，更要投身于施力方——大众基层，只有真正了解特殊教育学校机构的生存境地，才能更好地处理甚至解决特殊群体的生存问题，让今天播下的种子在未来长成葳蕤繁茂的树林。

◎ 参考文献

[1]盘军勇，易伟新，李梦婷，李轩，张子衿．长沙市旅游景区无障碍环境建设研究[J]．当代旅游，2022(14)．

[2]李文静，毛春灵，郭浩．粤港澳大湾区无障碍设施的公众评价对比研究[J]．城市治理，2022(5)．

[3]琴川．无障碍环境建设：扫除“盲点”，看见他们[J]．社会，2022(5)．

[4]王平．让每一个特殊儿童都有人生出彩的机会[J]．现代特殊教育，2022(4-5)．

[5]道吉吉．特殊教育存在的问题及对策——以听障学生的心理引导为例[J]．新教育，2022(2)：64-65.

[6]吴扬，王雁．特殊教育学校德育的背景、需求及路径探析[J]．中国特殊教育，2022(6)：9-15.

[7]郭殷飒，何嘉鑫，杨若尘，陈莲俊．办全国一流的特教学校——专访浙江省温州市特殊教育学校校长李科[J]．现代特殊教育，2021(9)：7-9.

[8]张冬梅．无障碍改造彰显民生温度[N]．广州日报，2021-11-03.

[9]崔芳，郭蕾．关爱“星星的孩子” 我们一起努力[N]．健康报，2021-09-02.

关于基层医院医疗服务的调查与研究

———以浙江省杭州市建德市第一人民医院为例

仁济学院　梅译文

本调查将目光投向基层人民医院，以浙江省杭州市建德市第一人民医院为例，多角度探究医疗服务对于看病问诊患者的直观感受。从预约问诊、卫生条件及导医服务三方面，利用问卷形式了解病人对医疗服务的满意度，从而得出今后基层医院医疗服务与患者满意度的关系，和今后需改进的方面。

一、调查方案

(一) 调查目的

进入新的历史阶段，我国各个层面的发展成绩非常显著，尤其是受到社会主义新农村、乡村振兴等战略实施的影响，基层乡镇在改革发展中的地位与影响更加突出，基层乡镇成为关系各个层面发展建设的关键。

新医改前，我国的医药流通企业有上万家，这就使得药品在流通环节就要进行数次交易，无形中增加了药品流通费用，反映到终端就是药价过高。新医改后，在政府宏观调控下，基本药物实行公开招标采购，统一配送，减少中间环节，保障群众基本用药，药价大大降低。但现今医院各项工作流程仍然较为繁琐，对其开展经济运营管理工作调查，优化流程，能够使医院内部不同部门更加科学地运行，提高医院工作的效率，帮助医院明确今后的发展方向。

（二）调查背景

建德市第一人民医院创建于 1968 年 11 月。在几代建医人的共同努力下医院不断成长，2005 年医院通过了二甲医院评审，2009 年 10 月整体迁建至新院区，2012 年医院通过了三乙评审，2015 年 8 月医院通过了 JCI 评审。目前医院占地面积 100 亩，建筑面积 6.5 万平方米，建有急诊医技楼、病房楼、行政科教楼、后勤综合楼、120 急救中心等配套设施。

将调查选址在建德市第一人民医院是因为，在建德市基层医院，第一人民医院发展最为突出。不同于其他医院，其患者流量很大，基本上可以全覆盖中西医全部门诊就诊，这对于我们了解基层医院有更为直观的数据支撑，大大便利数据调查。

（三）调查情况

1. 对于陪同或自主挂号看病问诊情况的初步了解

从总体上看，受访人群大部分有过就医或陪同经历，其未曾有过可能是源于自己未有过大疾病，未到过该医院。

表 1　就诊人群陪同或自主挂号看病情况

选项	小计	比例
是	96	96%
否	4	4%
本题有效填写人次	100	

2. 所需检查等待时长情况的调查

从数据上看，大部分患者认为能较快安排检查，就我个人见习的消化内科，预约胃肠镜检查大约一周之内就可以安排上。可能存在部分科室因为日常检查忙碌，且检查耗时长，而导致患者的不满。

表 2　就诊人群对所需检查等待时长情况的看法

选项	小计	比例
是	91	91%
否	9	9%
本题有效填写人次	100	

3. 医院楼层或具体位置的指向标识是否清晰明了情况的调查

从数据上看，大部分人认为指向标识上是清晰的，但仍存在较大问题。在楼层与楼层之间标有本层的专业科室，但具体位置的说明图片安置位置较为偏僻，其指向标志也不清晰。

表 3　就诊人群对医院楼层或具体位置的指向标识是否清晰明了的看法

选项	小计	比例
是	90	90%
否	10	10%
本题有效填写人次	100	

4. 就诊人群对柜台或志愿者是否能切实解决问题的看法

根据数据统计结果，绝大多数人认为推台及志愿者服务对于解决自身问题帮助很大。医院增设导医及自动设施的举措很有必要，可以通过智能化、数字化手段完成相应手续，减少病人排队时间。

表 4　就诊人群对柜台或志愿者是否能切实解决问题的看法

选项	小计	比例
是	99	99%
否	1	1%
本题有效填写人次	100	

5. 就诊人群对门诊挂号就医选择多样化情况的看法

从统计数据来看，大多数人对于挂号较为满意。其存在不甚满意的情况可能是因为在手机上对医院当日门诊坐诊医师的情况没有了解清楚。

表 5　就诊人群对门诊挂号就医选择多样化情况的看法

选项	小计	比例
是	94	94%
否	6	6%
本题有效填写人次	100	

6. 就诊人群对基层医院卫生情况的看法

从数据统计上来看，就诊人群对医院卫生情况满意度较高。在垃圾分类的社会大背景下，医院对垃圾分类应该有更高标准。对于医疗垃圾定点投放应该设计更多的点位，以此来方便群众。此外，医院厕所卫生也是一个重要量化的标准。比如周一的门诊量相对较大，病人对卫生间的使用量也会大大增加。保洁人员应增加打扫次数，可以在八点之前就进行一次大规模清扫，之后每隔一小时检查厕所卫生，进行小规模集中打扫。医院的卫生情况与潜在疾病传播很有关联，我们不容轻视这一问题。

表 6　就诊人群对基层医院卫生情况的看法

选项	小计	比例
是	87	87%
否	13	13%
本题有效填写人次	100	

7. 就诊人群对医院今后建设的建议

除去“无”的回答，存在建议如下：

①高峰期尽量多开几个窗口。

②更加多的导医。

③希望能多一些医生。

④楼与楼之间的指示牌希望更清晰，或安排志愿者指路。

⑤提高服务能力。

⑥加快预约时间。

⑦导医台的服务态度有待提高。

⑧数字化，智能化。

⑨希望座椅能多点靠手方便残疾患者。

⑩挂号完了，有些人不按号就排队。

⑪医务人员多多引导患者及家属，采用绿色治疗。

⑫排队等候时间可以缩短些。

⑬简化手续。

⑭建议加装各科室各化验室的手机导航。

二、结论

通过问卷数据可知，大部分人对基层医院医疗服务是较为满意的。在新医改背景下，提高患者就医满意度，促进医疗质量的提升，医院在保证资金充裕情况下，可开设更多的检查设备，加派人手维持医疗秩序及医院卫生。建德市第一人民医院在今后欲想获得更高发展，应留住当地患者，与杭州专家医师交流学习，两地间进行授课互动，丰富医师的经验，免除患者奔波之苦。

此外，当地政府对医院也应加大扶持力度，降低医院水电费开销标准，在建德电视台对德艺双馨的医师进行采访介绍，让人们更好地了解医师。政府还可以利用当地现有的中医资源，有计划地组织“冬病夏治”“中医理疗”等活动，舒缓老年人的腿脚，给有需要的中年人提前治疗，促进当地医疗获得高水平发展。

附录　调查问卷

1. 您是否有过陪同或自主挂号看病问诊的经历

   是

   否

2. 您在就医问诊过程中需做的检查能否较快预约安排上

   是

   否

3. 您认为医院楼层或门诊或体检位置的指向标识是否清晰

   是

   否

4. 柜台或志愿者的服务帮助是否能切实解决您的问题

是

否

5. 门诊挂号的就医选择是否多样化满足您的需求

是

否

6. 对于基层医院卫生情况是否满意

是

否

7. 对于医院今后的建设方面是否有好的建议（填空题）

海岛鹿西家庭医生制度实行现状分析

仁济学院　崔晴雅

医疗卫生事业和人民群众的身心健康息息相关，也是全民密切关注的重要民生问题。在经济社会的发展进程中，工业化、城镇化、人口老龄化以及生态环境的变化，进一步加大了医疗卫生事业的发展压力。现阶段，我国已经进入到慢性病爆发期，在老龄化趋势下，老年患者数量不断增加，医疗卫生需求以及医疗费用不断增长，在此情况下，医疗卫生事业所面临的重要问题即如何提升医疗卫生服务的有效性、连续性以及综合性等。我国存在着较严重的医疗卫生资源分布不均衡问题，经济发达区域医疗卫生资源丰富，而在相对落后的海岛一度存在有病不能医、有病不会医等问题，导致患者疾病加重与健康生命年的损失，因此在新时期促进医疗资源下沉成为一个重点。成立家庭医生签约制度，进而实现基层首诊、急慢分治，保障城乡居民享有基本医疗，降低医疗费用，加快推进分级诊疗的进程，成为当务之急。

截至目前，家庭医生政策在海岛取得了一定的实践效果，尤其是老年群体和慢性病群体接受了良好的健康管理服务。但是与此同时也出现了一些问题，部分地区过于注重家庭医生签约服务的数量，出现“重量而轻质”的现象，可见家庭医生的签约并不是问题，如何保证有效签约才是关键。

针对上述背景，我们开展了专项调查，旨在了解目前家庭医生签约服务在海岛地区的推广情况；了解海岛居民诊疗服务现状，为家庭医生政策的普及提供依据；针对家庭签约服务过程中出现的问题，提出相应的意见与建议。

一、研究思路

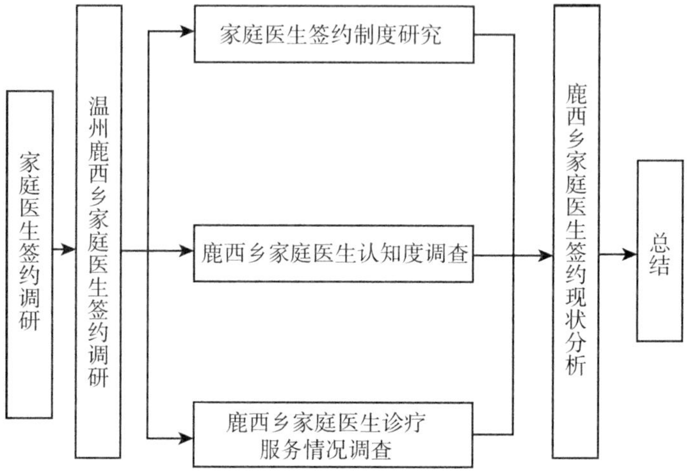

图1　研究思路图

二、调查对象、地点

(一)调查对象

调查对象包括：温州市鹿西乡居民、温州市鹿西乡基层干部、温州市鹿西乡卫生院以及相关医生。

(二)调查地点

我们将鹿西乡居民按照已签约和未签约两种情况进行分类，再根据电话咨询以及对各个区域的实地调研、访谈，运用分层多阶段随机抽样抽取了相应样本，具体分层情况见表1。

表1　实地调查地点

<table>
<tr><th>调研对象</th><th>具体分类</th><th>具体地点</th></tr>
<tr><td rowspan="2">鹿西乡卫生院</td><td>卫生院医生</td><td>卫生院、核酸点</td></tr>
<tr><td>卫生院管理者</td><td>卫生院</td></tr>
<tr><td rowspan="2">鹿西乡基层干部</td><td>乡政府干部</td><td>政府办公区</td></tr>
<tr><td>乡派出所</td><td>警务办公区</td></tr>
<tr><td rowspan="4">鹿西乡村民</td><td>鹿西村</td><td>居民家中、居民活动中心、养老院</td></tr>
<tr><td>口筐村</td><td>居民家中、居民活动中心</td></tr>
<tr><td>鲳鱼礁</td><td>居民家中、居民活动中心</td></tr>
<tr><td>东臼村</td><td>居民家中、居民活动中心</td></tr>
</table>

三、调查结果

(一)调查对象基本情况

233名调查对象的年龄在18~80岁，平均年龄在(61.9±7.7)岁，40岁以上占93.6%；学历上，小学及以下学历占比最高，为69.9%，初中学历占比第二，为23.2%，高中/中专/技校学历及本科及以上学历分别占比5.2%和1.7%；健康状况上，32.2%的人表示身体健康，患有高血压的有49.8%，患有糖尿病的有16.7%，患有冠心病的有1.7%，患有其他疾病(中风、痛风、慢性骨病等)的有18%(表2)。

表2　调查对象基本情况

变量	人数(占比,%)
性别	
男	126(54.0)
女	107(46.0)

续表

变量	人数(占比,%)
学历	
小学及以下	163(69.9)
初中	54(23.2)
高中/中专/技校	12(5.2)
本科及以上	4(1.7)
年龄分布	
18~30周岁	4(1.7)
31~40周岁	11(4.7)
41~50周岁	34(14.6)
51~60周岁	73(31.3)
61~70周岁	29(12.4)
70周岁以上	82(35.2)
健康状况	
身体健康	75(32.2)
高血压	116(49.8)
糖尿病	39(16.7)
冠心病	4(1.7)
其他疾病	42(18.0)

(二)家庭医生制度宣传普及情况

通过调查,有57.1%的受访者表示知道家庭医生制度的存在,43.8%的受访者表示自己有家庭医生(表3)。我们针对133名对家庭医生制度有所了解的居民,对其得知家庭医生制度的渠道或方式进一步开展调查,经调查,分别有57.9%和45.1%的居民表示是通过人员上门宣传以及就诊时医生介绍的方式了解到家庭医生制度的,部分居民通过社区义诊活动和熟人介绍了解,分别占13.5%和10.5%,7.5%的居民通过社区宣传(宣传栏、宣传单、健康教育讲座)、互联网等其他途径了解到家庭医生(表4)。

表3　家庭医生普及率

变量	人数(占比,%)
家庭医生知情率	133(57.1)
家庭医生拥有率	102(43.8)

表4　对家庭医生的了解情况

方式	人数(占比,%)
上门宣传	77(57.9)
就诊时医生介绍	60(45.1)
社区义诊活动中了解	18(13.5)
熟人介绍	14(10.5)
社区宣传(宣传栏、宣传单、健康教育讲座)	4(3.0)
互联网	4(3.0)
其他	2(1.5)

四、家庭医生制度实行现状

(一)概况

基于对已签约家庭医生的居民完成的102份有效问卷，可大致了解当地居民就诊情况。居民住宅与其家庭医生所在卫生院/卫生服务中心距离与家庭医生服务的使用密切相关，47.0%的居民到达其家庭医生工作地路程较远，需步行30分钟及以上，20.6%的居民需要步行15~30分钟，有32.4%的居民步行时间在15分钟及以下；多数签约居民到其家庭医生所在卫生院/卫生服务中心就诊频率低于每月 1 次，占 84.3%，9.8%的居民每月会去 2~3 次，每月前往次数大于或等于 3 次的居民占 5.9%；享受过免费量血压测血糖服务的签约居民占比最大，达 37.8%，享受过对空巢、行动不便老人提供上门服务，及对慢病居民免费使用"11+7"共 18 种高血压糖尿病药品服务的居民占比均在 20%以上，享受过每年一次的健康体检服务、慢病居民每三个月一次的上门随访服务、慢病长处方服务的居民比例均达到了 10%以上，而表示享受过预约、转诊上级医院的绿色通道服务、提高医保报销比例、儿童预防接种通知服务的居民占比均低于 3%，甚至出现了无受访者表示享受过儿童预防接种通知服务的情况（见表 5）。

表 5　已签约居民就诊及服务情况

变量	人数（占比，%）
步行时长	
>30 分钟	48(47.0)
15~30 分钟	21(20.6)
<15 分钟	33(32.4)
就诊频率	
1 次/月	86(84.3)
2~3 次/月	10(9.8)
3 次/月	6(5.9)
享受服务	
预约、转诊上级医院绿色通道服务	1(0.4)
医保报销比例提高	6(2.6)
儿童预防接种通知服务	0(0)
对空巢、行动不便老人提供上门服务	27(11.6)

续表

变量	人数(占比,%)
每年一次的健康体检服务	47(20.2)
免费量血压测血糖	88(37.8)
慢病居民每三个月一次的上门随访服务	24(10.3)
慢病居民免费使用“11+7”共18种高血压糖尿病药品	54(23.2)
慢病长处方服务	28(12.0)

(二)慢性病患者专用服务普及情况

通过访问鹿西乡卫生院，我们了解到因受地域、人口结构等因素限制，当地家庭医生服务开展重点对象为中老年人或慢性病患者。针对该地域特殊情况，我们以慢性病患者群体为例，进一步针对高血压、糖尿病、冠心病患者开展数据研究，了解该群体的专项服务普及情况。数据显示，“免费量血压测血糖”在慢性病患者中的普及率达到了79.4%，“慢病居民每三个月一次的上门随访服务”达到了66.5%，“慢病居民免费使用‘11+7’共18种高血压糖尿病药品”达到了68.2%，而“慢病长处方服务”的普及率达94.0%，充分体现出鹿西乡因受海岛地域环境、人口结构等因素的影响而展现出的家庭医生服务特点(表6)。

表6　签约家庭医生慢性病患者专用服务普及率

专用服务	普及率(%)
免费量血压测血糖	79.4
慢病居民每三个月一次的上门随访服务	66.5
慢病居民免费使用“11+7”共18种高血压糖尿病药品	68.2
慢病长处方服务	94.0

(三)未签约居民对家庭医生签约态度

调查中发现，有 31 名居民了解家庭医生制度，但因较年轻、身体健康状况良好等原因而未签约家庭医生。他们对家庭医生未来发展大多持乐观态度，但也有超 35%的村民持观望和消极看法；未签约居民中有 17 人(54.8%)表示若未来有需要会选择签约家庭医生，但仍有 14 位居民表示不愿意签约。这 14 位居民在选择“不愿意签约的原因”时，有 12 人选择了“签约家庭医生对自身或家人的帮助不大”，占 75%，3 人选择“对家庭医生签约服务不是很了解”，1 人选择“社区家庭医生团队的医疗设备和基础设施不够完善”。

表 7　居民态度及不愿签约的原因

变量	人数(占比,%)
对家庭医生未来发展态度	
持乐观态度	19(61.3)
观望	9(29.0)
不太看好	3(9.7)
不愿意签约原因	
对家庭医生签约服务不是很了解	3(18.8)
签约家庭医生对自身或家人的帮助不大	12(75.0)
对签约医生团队的专业能力持怀疑态度	0(0)
社区家庭医生团队的医疗设备和基础设施不够完善	1(6.3)

五、讨论

(一)海岛家庭医生签约现状分析

目前，家庭医生签约服务主要面向十大重点人群——老年人、孕产妇、儿童、残疾人、计划生育特殊家庭、低保困难人群及高血压、糖尿病、结核病等慢性疾病和严重精神障碍患者。通过询问当地卫生院家庭医生负责部门，了解到目前海岛开展的家庭医生签约制度主要围绕老年人、孕产妇、低保困难人群、慢性疾病和严重精神障碍患者开展。根据实地考察访问，产生这一情况的原因与海岛这一特殊地理特点不可分割：海岛常住人口以中老年人群为主，地势起伏大，住宅多依山而建，行走多坡路及楼梯，老年人因行动不便摔伤而产生慢性骨病甚至致残的现象较为常见；海岛居民依海而居，捕鱼为生的不在少数，海鲜食用频率和数量较内陆更多，因此除患高血压、糖尿病等慢性病外，患痛风及甲状腺疾病的居民也较多。

(二)鹿西家庭医生签约服务存在的优点与不足

1. 优点

鹿西乡家庭医生服务考虑了当地人口结构中老年人比重大的特点，服务方向存在明显重点，以慢性病患者群体为例，“免费量血压测血糖”、“慢病居民每三个月一次的上门随访服务”和“慢病居民免费使用‘11+7’共18种高血压糖尿病药品”在慢性病病患者中的普及率分别达到了79.4%、66.5%、68.2%，而“慢病长处方服务”的普及率更是高达94.0%。这顺应了2022年国家卫生健康委发布的《关于推进家庭医生签约服务高质量发展的指导意见》中突出重点人群的理念。

2. 不足

自2016年我国开始实行家庭医生制度以来，经过数年推广，家庭医生签约服务制度逐渐完善，服务对象、服务内容、组织形式、考核方法逐渐清晰，整体上看家庭医生制度正在向制度化、系统化、专业化方向靠拢。家庭医生制度提高了基层卫生组织的医疗服务能力，在扩大医疗服务供给、优化医疗资源配置、推动医疗卫生体制供给侧结构性改革等方面起到了积极的促进作用。然而，在海岛上开展的家庭医生签约服务依旧面临较大困难且仍存在较多问题，现列举如下：

第一，常住人口数量少，留守儿童及空巢老人所占比例大。

第二，鹿西海岛狭长，海岸线漫长曲折，地势起伏大，地形崎岖复杂，人员居住分散。

第三，大部分居民文化程度低，对自身健康重视程度不够，患病就医意识较弱；主要服务对象——中老年人群识字率和普通话普及率低，信息传递沟通困难、复杂信息难以理解。

第四，鹿西乡地处偏僻，仅水路可达，交通不便；经济发展相对缓慢，人员物资流动限制较大。

首先，鹿西乡常住人口仅4454人，其中年龄在18岁以下及60岁以上的人口数量为2888人，约占常住总人口的64.8%。由于服务对象数量相对较少，居住分散，文化程度低，导致服务的宣传推广和开展落实付出的成本较高而回报率偏低。

其次，尽管有不少邻近卫生院居住的村民，但整体就诊频率较低，84.3%的村民就诊次数每月连1次也达不到。

就诊频率受多方面因素影响，通过实地访问调查发现，虽有有部分村民表示因为自己享受了慢病长处方政策，去卫生院的次数相应增加，但也有部分村民因为距离远、就医意识不足等不愿意前往，还有部分原因来自卫生院设备落后、专业设备技术人员不足、医生坐诊时间短等。我们在调查中还了解到，不少居民会选择由家人或亲戚朋友从邻市购药或前往邻市就医，询问得知原因有“认为医药费更便宜”“更便捷”“更专业”等。

可以看出，由于卫生院人员设备不足，专业化程度低，部分居民对基层卫生服务，包括家庭医生服务的依赖度、信任度下降，出现小病痛自己忍耐、大病痛离岛就医的现象。当居民认为卫生院无法满足自己就诊需求时，必然会对卫生院签约服务内容的实施能力产生怀疑，这对居民理解、信任、配合卫生院签约服务，对基层公共卫生健康发展建设均会产生不利影响。

最后，由于服务对象文化水平普遍较低，对自身健康关注不够，对家庭医生服务的必要性认识不足，同时因语言及认知水平限制，服务供需难沟通、复杂信息难传达，导致他们容易处于信息不对等的劣势一方。调查发现，签约家庭医生的村民(尤其是老年人)对其可享受的服务不清楚的较多，使用率也较低；因身体原因，他们往往是被动接受上门随访服务及可附带服务(如免费测血压、血糖等)，难以通过主动申请来获得服务。

(三)对鹿西乡家庭医生发展的提议

1. 提高居民对家庭医生签约的认知以及满意度

第一，强化社区家庭医生签约服务的宣传和推广力度，将家庭医生的优势、功能、特征等告知更多的村民。鹿西乡的基层干部以及医生要做好组织开展健康教育、养生活动的引导者，巧妙运用方言和海岛文化，以居民喜闻乐见的方式去开展活动，对于一些典型案例公开宣传，从而让更多村民客观正确地认识家庭医生，提升对签约服务的理解，从而更加信任家庭医生。

第二，提升家庭医生的服务质量。家庭医生要及时了解居民健康状况，为其提供健康培训和指导。针对常发疾病、慢性疾病、季发多发疾病，在西医治疗方案基础上，适当增加中医治疗服务，提供“治未病”服务。针对慢性疾病的患者、贫困家庭患者或自理能力差的患者，可为其提供上门问诊、送药、康复训练等服务。

2. 提高家庭医生签约服务水平

第一，壮大家庭医生队伍。调研发现签约服务发展的瓶颈是人才资源匮乏，由于鹿西乡的工作条件、工作待遇都不高，很难留住医生人才，加上推广力度不足，配置的家庭医生较少，远远不能满足居民需求。基于此，政府可以和医学类高校达成友好合作关系，实施联合培养，定期招聘全科医学人才，实施毕业生基层实习机制，要求毕业前医学专业学生要下沉到社区卫生院，争取更多的实践机会，从而弥补社区家庭医生人才资源不足的现实。

第二，进一步提高家庭医生团队成员的医疗水平。可以实施医联体协同互动，将各种资源进行共享，鼓励系统内部二级及以上机构、专业人员下沉基层，为社区家庭医生服务提供支持与指导，还可以开展各类技能培训活动，例如：中医、保健、康复等知识技能，推进家庭医生的持续学习。

第三，在稳定签约数量、巩固覆盖面的基础上，把工作重点向提质增效转变，运用信息化手段与居民开展面对面签约工作，做到"签约一人、履约一人、做实一人"，不断提高居民对家庭医生签约服务政策的知晓率。签约服务对象原则上为全体居民，优先做好乡村脱贫人口和三类监测对象(脱贫不稳定户、边缘易致贫户、突发严重困难户)的签约工作，要做到应签尽签。

3. 优化政策配套措施

第一，加强激励考核。政府应建立健全考核制度和激奖制度。考核是为规范家庭医生的服务行为，激励是为激发家庭医生的创造性与积极性，切实为居民提供高水平、高质量的健康保障服务。

第二，加大医保投入。建议将家庭医生服务纳入医保范围，为签约居民提供一些绿色通道或优惠扶持，颁布并公开相关政策，从而激发更多居民签约家庭医生服务项目。

六、结束语

推广家庭医生服务制度可以实现由治疗向健康管理的方向转变，可通过分级看病缓解卫生资源紧张问题，可实现公共卫生服务的广覆盖。家庭医生制度的推广是基层卫生组织服务创新的成果，可以弥补鹿西乡医疗资源的匮乏问题。鹿西乡家庭医生签约服务虽然取得了一定的成就，但依然存在配套政策不完善、信息化建设薄弱、居民主动性不强、家庭医生数量不足以及服务水平不高等诸多影响签约服务的问题。这些问题的解决绝非易事，如何将家庭医生政策落地，将大量复杂文件中影响老百姓生活的信息用更简明易懂的、亲近群众的方式，准确、完整地传递给最末端那些难以通过文字和普通话接受信息的弱势群体，是鹿西乡在宣传和落实家庭医生制度过程中要面临的问题。鹿西乡政府和基层干部要努力将“血液”运送至每一根“毛细血管的末梢”，防止末端“器官”出现缺“血”症状。未来发展之路依然是机遇和挑战并存，还需要基层组织发挥好自身作用，连接各方，合理配置医疗卫生资源，提高家庭医生专业技能，真正守护好千万家庭的第一道健康防线，为建设“美丽健康海岛”而做出不懈的努力。

◎ 参考文献

[1]关于做好2022年基本公共卫生服务项目和家庭医生签约服务工作的通知[EB/OL].[2022-04-18]. http://www.aks.gov.cn/xjcms/front/s23/xxgk/20220419/i787527.html.

[2]温州市洞头区人民政府办公室关于建立责任医生签约服务制度　推行家庭医生契约式服务的实施意见[EB/OL].[2021-08-18]. http://www.dongtou.gov.cn/art/2021/8/18/art_1229545300_1807738.html.

[3]关于推进家庭医生签约服务高质量发展的指导意见[EB/OL].[2022-03-03]. http://www.gov.cn/zhengce/zhengceku/2022-03/15/content_

567 9177. htm.
[4]国务院关于建立全科医生制度的指导意见[EB/OL].[2020-05-24]. http://www.gov.cn/zwgk/2011-07/07/content_1901099.htm.
[5]温州市2020年第七次全国人口普查分乡镇(街道)常住人口数据[EB/OL].[2021-08-23]. http://wztjj.wenzhou.gov.cn/art/2021/8/23/art_1479962_58726441.html.
[6]邓诗姣,刘心怡,陈文,张璐莹.家庭医生签约服务工作现状与满意度分析[J].卫生经济研究,2022,39(2):78-80,84.
[7]高鹏,杨翠迎.中国家庭医生制度的政策变迁与启示——基于倡议联盟框架的分析[J].东北大学学报(社会科学版),2022,24(3):78-86.
[8]黄玉蕉.重庆市渝北区S街道家庭医生签约服务问题与对策研究[D].西南大学,2021.
[9]郁梦婷.靖江市城区社区家庭医生签约服务现况研究[D].南京医科大学,2021.

附录 家庭医生服务调查问卷

您好!我们是温州医科大学仁济学院的学生,现在正在进行一项关于家庭医生的调研。想邀请您抽出宝贵时间填写此问卷,本问卷旨在了解鹿西乡家庭医生制度普及及实行情况。本调查采用无记名方式进行,资料仅以汇总数据形式展现,且调研的具体内容仅用于学术研究,不作他用,希望您能如实填写。在此我们衷心感谢您的支持和配合!

1. 您的性别?[单选题]*

○男

○女

2. 您的年龄?[单选题]*

○18周岁以下

○18~30 周岁

○31~40 周岁

○41~50 周岁

○51~60 周岁

○61~70 周岁

○70 周岁以上

3. 您的文化程度？[单选题] *

○小学及以下

○初中

○高中/中专/技校

○本科及以上

4. 健康状况自我评级？[多选题] *

□身体健康

□高血压

□糖尿病

□冠心病

□其他____________

5. 你是否知道家庭医生？[单选题] *

○是

○否（请跳至第 20 题问卷末尾，提交答卷）

6. 您是通过以下哪些渠道了解到家庭医生制度的？[多选题] *

□上门宣传

□卫生院就诊时医生介绍

□社区义诊活动中了解

□社区宣传(宣传栏、宣传单、健康教育讲座)

□熟人介绍

□互联网

□其他____________

7. 您认为家庭医生签约服务制度可能会改善哪些问题？［多选题］*

□看病贵

□看病难

□医患矛盾

□缓解大型医院的就医人流压力

□其他____________

8. 您是否有家庭医生？［单选题］*

○是（请跳至第 12 题）

○否

9. 您是否愿意签约家庭医生［单选题］*

○是（请跳至第 11 题）

○否

10. 您不愿意与社区服务机构签署家庭医生式服务协议的理由是？［多选题］*

□对家庭医生签约服务不是很了解

□签约家庭医生对自身或家人的帮助不大

□对签约医生团队的专业能力持怀疑态度

□社区家庭医生团队的医疗设备和基础设施不够完善

11. 您对家庭医生未来发展是何态度？［单选题］*

○持乐观态度

○观望

○不太看好

*请您填写完本题后结束作答。

12. 您知道家庭医生需要支付费用吗？［单选题］*

○知道

○知道，但不知道是多少

○不知道

13. 您认为您或您的家人自我健康管理意识或医疗费用支出在签约了

家庭医生后发生了什么改变？[单选题] *

○相对减少

○没有太大变化

○相对增加

14. 从您家到您的家庭医生所在卫生院/卫生服务中心需要步行多久？[单选题] *

○<15 分钟

○15~30 分钟

○>30 分钟

15. 您签约后去家庭医生所在卫生院/卫生服务中心就诊的频率是？[单选题] *

○<1 次/月

○2~3 次/月

○>3 次/月

16. 您签约家庭医生后，享受过以下哪些服务？[多选题] *

□预约、转诊上级医院绿色通道服务

□医保报销比例提高

□儿童预防接种通知服务

□对空巢、行动不便老人提供上门服务

□每年一次的健康体检服务

□免费量血压测血糖

□慢病长处方服务

□慢病居民每三个月一次的上门随访服务

□慢病居民免费使用“11+7”共 18 种高血压糖尿病药品

17. 您认为以下哪些服务对您帮助比较大？[多选题] *

□预约、转诊上级医院绿色通道服务

□医保报销比例提高

□儿童预防接种通知服务

□对空巢、行动不便老人提供上门服务

□每年一次的健康体检服务

□免费量血压测血糖

□慢病长处方服务

□慢病居民每三个月一次的上门随访服务、

□慢病居民免费使用“11+7”共18种高血压糖尿病药品

18. 您是否愿意继续签约家庭医生？[单选题] *

○是

○否

19. 签约以来，您对家庭医生的服务效果以及态度满意程度如何？[单选题] *

○非常满意

○满意

○一般

○不满意

20. 您对家庭医生签约服务有什么意见或建议吗？[填空题]

____

非常感谢您的积极配合！

关于失能家庭现状与社会关怀的调查研究

第一临床医学院　孙金伶

本文以失能家庭作为研究对象，在收集阅读研究相关文献和理论的基础上，结合实际，开展实地调研和问卷调查，对马屿镇61个村落失能家庭现状与社会关怀情况进行分析和研究，以马屿镇的失能家庭状况折射出目前失能养老体系所存在的问题并提出解决思路。

一、调研内容

(一)基本情况分析

本次实地调查范围包括马屿镇61个村落，低保户共1064人，其中失能人口有505人，失能老人有120人。失能人数占马屿镇低保户总人数的47%，失能老人占总失能人数的24%，其中女性失能老人占12.5%，男性占87.5%。可见失能人群占比很大，失能老人占总失能人口比例偏大，男女比例极不均衡。

本次问卷调查共计回收有效问卷110份。经统计，填写问卷的群众中高达78.18%对失能老人群体不完全了解，14.55%的群众甚至完全不了解失能老人群体，58.18%的调查者在生活中没有接触过失能老人，可见社会对失能老人的认识水平和重视程度不够，关于失能老人现状的宣传工作有待改进。

从失能老人的照料情况来看，只有 22.73%的被调查者认为当前对失能老人的照料较好或很好，说明这一方面仍有改善空间。针对造成失能老人生活陷入困境原因的调查，大部分人认为缺乏陪护人、家庭经济收入低、陪护者护理能力低和社会保障不足是几个主要原因。针对照顾失能老人需求的调查，大部分人认为政策资金补助、专业人士照护技能指导、老人精神陪伴和专业机构救助较为重要。针对失能人员照护保险了解情况的调查，高达 75.45%的被调查者完全不了解失能人员照护保险，说明失能人员照护保险仍有待推广普及。关于参与照料失能老人的志愿者活动意愿调查，90.91%的被调查者表现出了参与意愿，说明社会志愿力量的潜力仍有极大激发空间。

1. 对失能老人群体了解情况

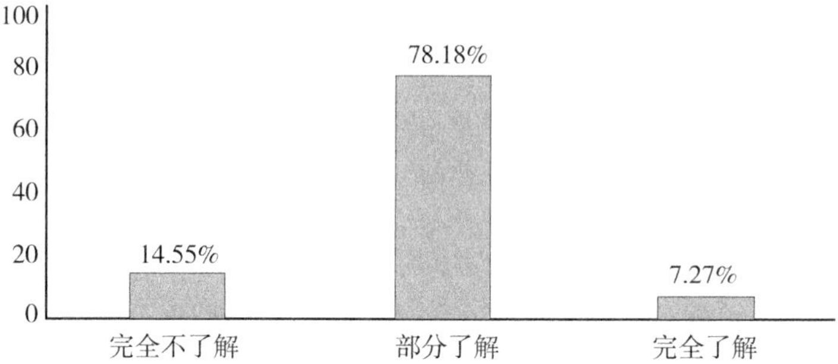

2. 是否接触过失能老人

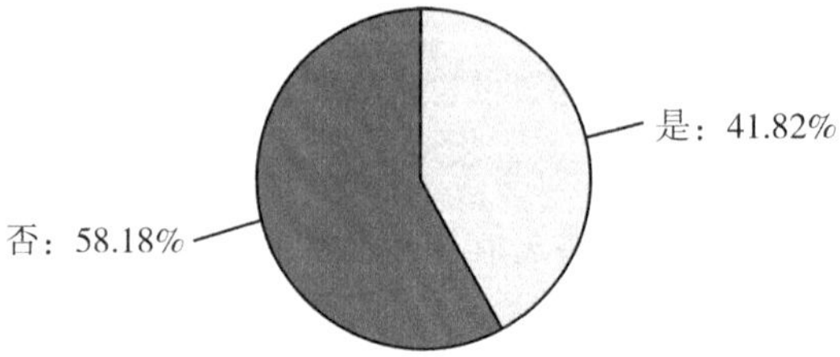

3. 导致失能老人生活陷入困境的原因

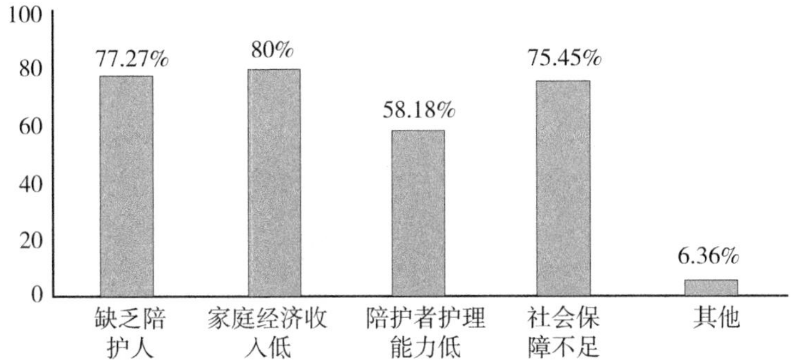

4. 照顾失能老人需要提供的帮助

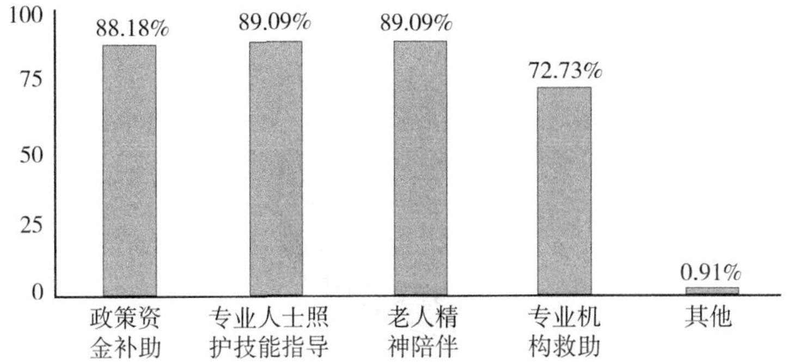

5. 对失能人员照护保险的了解情况

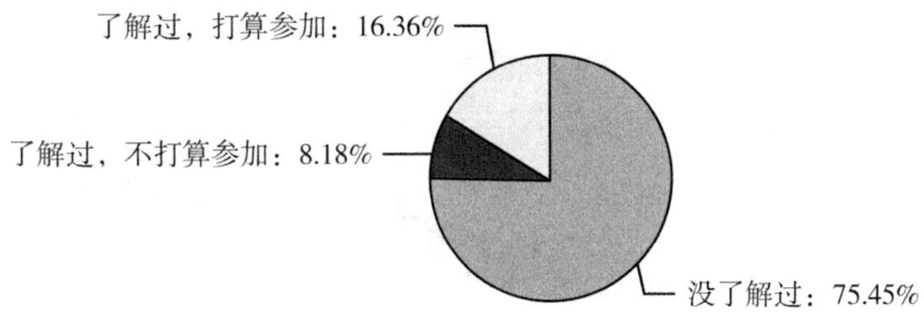

6. 参与照料失能老人的志愿者活动意愿调查

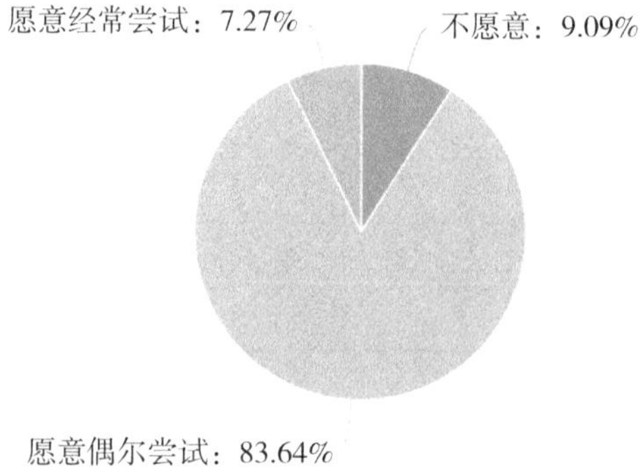

7. 失能人数占低保总人数的百分比

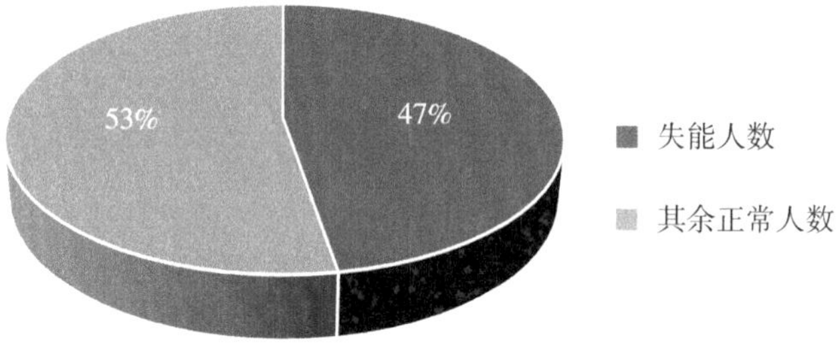

8. 失能老人占总失能人数的百分比

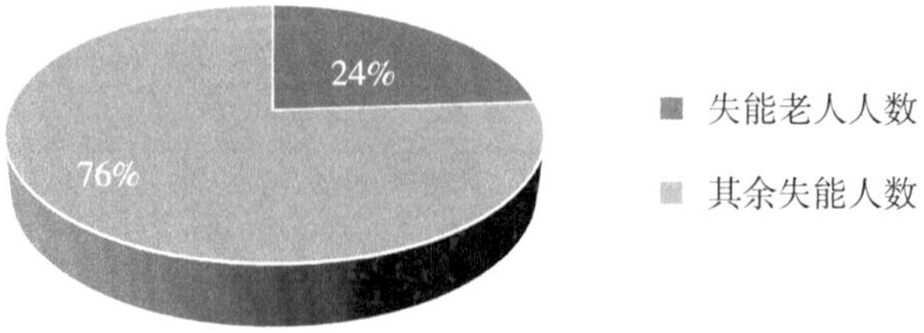

9. 失能老人易产生负性情绪

由于身体状况的弱化、精神慰藉的匮乏、生活照料的缺少，失能老人容易受困于各种负性情绪。这种负性情绪严重时往往会导致抑郁的产生。走访过的几户老人中，有不少于15位老人表示平时心情抑郁或易怒。据走访记录，某村的村干部反映有老人因承受不住压力上吊自杀，某村一位老人因双目失明心情十分悲观，感觉生活没有盼头。

失能家庭往往陷入“一人失能，全家失衡”的困境。为了更好地照护老人，照护者需要频繁调整工作、社交、家庭收支等各方面的规划，导致其生理、心理、社会等各方面的压力剧增。于外，影响照护者的工作和生活；于内，影响失能家庭各成员间的亲密关系。因此，照护者常常产生负性情绪。

10. 失能老人性别与失能家庭之间的关系

男性失能老人所引起的家庭失衡情况远远严重于女性失能老人，这与男性与女性承担的社会功能不同有关。男性青壮年期在家庭中多承担守护者的职责，一旦失能，转换为被守护者，会导致家庭经济水平的急剧下降。

在我们走访的32户低保失能家庭中，失能老人为男性的共28户，占比87.5%。根据走访结果，家中男性老人失能后，家中缺少主要经济来源，家庭经济无法维持日常生活，需要依靠社会基础保障和亲属帮扶才能得以生存。

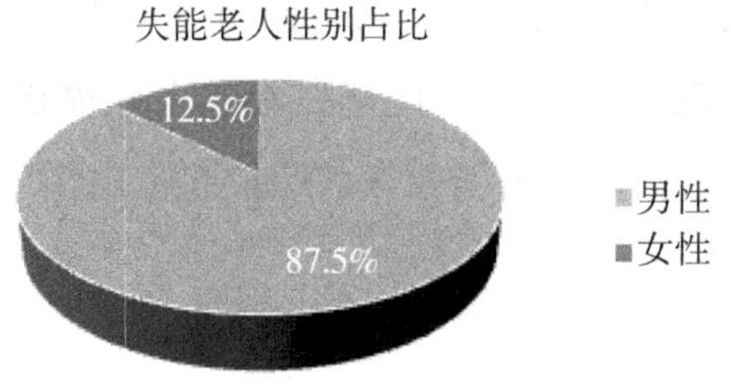

11. “自我维持型”照护困境

伴随着失能群体的日益庞大，失能老人的照护需求也在日益增长。在缺少经济支持的状况下，失能老人群体难以前往养老院获取专业的照护。同时，由于社会、经济、文化等复杂因素影响，子女等家庭成员大量外流，导致许多失能老人在缺少社会照护的同时又丧失了传统家庭照护的支持，陷入了“自我维持”的困境。处于这种困境的老人不仅难以满足正常基本生存需求，其精神世界也承受巨大的压力，极易造成精神空虚和孤独抑郁。

2022 年 7 月，本团队实地走访的 32 户失能老人中，有 15 户老人处于或近似处于“自我维持型”困境。某村独居无亲的某位老人由于视力听力障碍，日常行动只能靠摸索，居住环境卫生差，对外界应激程度差，基本陷入精神空虚的状态。

(二)社会环境

1. 村落文化

据调查，村落文化在一定程度上会影响到当地失能老人群体的规模和幸福指数。许多村落的文化礼堂内都设有“孝子榜”“道德碑”等，以褒扬失能老人子女的孝行孝举。这种行为在一定程度上有助于缓解失能家庭的压力。在协山村中，我们发现当地的文化礼堂建设情况较好，使用率也较高，门口处立有“孝子碑”，记满了当地孝子的姓名。在文化礼堂内还展示了一些“孝星”事迹，供当地村民学习。同时，据走访，协山村是唯一没有“自我维持型”失能老人的村落，且其失能老人幸福指数远高于其他村落，这体现了孝道文化的弘扬对失能老人的照护起正向作用。

2. 村落与社会关怀工作情况

重视社会关怀工作的村落失能老人的受助情况远胜于其他村落。据走访，马屿镇当地的村落普遍重视社会关怀工作，时常邀请相关的专业志愿团队对失能老人开展帮扶工作。以会吉村为例，当地干部较为年轻，思想较为开放，推进社会力量参与失能老人照料积极性高，对实地走访调研持欢迎态度。而有些村落整体人口流失较为严重，老龄化程度高，社会关怀力量面临沟通等方面的困难。

3. 村落经济发展状况

各村落的经济状况在一定程度上会影响到当地失能老人群体的受助情况。与其他群体相比，失能家庭因失能老人的健康状况、精神状态不佳等原因，易陷入因病返贫的窘境。但经济发展水平较高、基础设施较为完善的村落能更大程度上改善该窘境。调研过程中发现高岙村村委自费为失能老人改善生活条件，并为一位失智老人提供简单工作以作经济补贴。

相较而言，经济发展状况较差的村落不仅会恶化失能老人的生活困境，而且在一定程度上降低了失能老人寻求社会化养老服务的意愿。

4. 专项政策：适老化改造、工会组织帮扶

适老化改造，即在住宅中，或在公共建筑中充分考虑到老年人的身体条件及出行特点，做出相应的改造，包括实现无障碍设计，引入急救系统等，以满足已经进入老年生活或即将进入老年生活的人群的生活及出行需求。

相较于普通老人，失能老人对适老化改造的需求更大。就目前情况而言，瑞安市马屿镇的适老化改造已初显成效，为失能老人群体带来了极大的便利，但其相关的普及推广工作仍有待提高，一些偏远乡村地带的适老化改造进程尚处于较为初级的阶段。

同时，当地工会组织也建立了相关的失能老人帮扶项目。这些帮扶项目往往从失能老人的日常看护、经济补助等方面，对该群体实行一系列的帮扶活动。但是，在帮扶过程中，也存在种种问题：一是失能老人帮扶工作的政策和法律依据不够规范完善，缺乏可操作性与政府部门的有力支持，工作开展较难。二是对帮扶工作仍不够重视，没有形成社会整体关心

支持帮扶工作的大气候。三是帮扶的宣传发动工作深度和广度不够，没有形成良好的帮扶工作的大环境。

二、对策与建议

(一)机制体制增能：健全失能评估体系

鉴于农村失能老人陷入困境的复杂性、差异性，实行失能老人“分类管理、动态监管”能高效、精准地改善农村失能老人目前的生活状况。如每年由村委会组织医护人员，对失能老人从自主吃饭、穿衣、如厕等生活自理能力进行评估并建档跟踪，按照评估结果为老人制定个性化养老方案；针对评估对象的失能等级进行资源分级，经评估确定为严重失能者，为其提供更优质的医疗护理资源以及志愿服务资源，已达到合理充分地配置社会资源的目的。

(二)社会环境增能：建立“多元养老”模式

在我国老龄化趋势不断加快的背景之下，根据中共中央、国务院印发的《国家积极应对人口老龄化中长期规划》提出的“建立健全以居家为基础、社区为依托、机构充分发展、医养有机结合的多层次养老服务体系”的理念，福利多元主义应运而生。福利多元主义强调从福利提供方解决福利问题，形成国家、社区、志愿组织和家庭多元主体共同参与的格局。

其一，实现志愿服务常态化。建立“多元养老”模式的关键一环是建立“社会爱心人士—失能家庭”联系平台，发展壮大志愿者队伍。首先构建该联系平台，社会爱心人士可通过平台上的信息与“自我维持型”失能老人结对，形成长期照顾和帮扶结对。同时，志愿者在服务时可累计志愿服务时长，待自身年老需要照顾时，凭借志愿服务时长证明可优先得到平台其他志愿者的帮扶。该模式在瑞士、上海等地已经较为成熟，其实践经验已经证明，在此政策的支持下，帮扶失能老人将会形成良性循环，使志愿服务成为常态，形成邻里和谐、互帮互助的良好社区氛围。

其二，推动医养结合和医疗上门服务。首先，政府应当成为失能家庭的有力后盾。政府承担失能老人的兜底保障职责，并在上门照护服务发展实施过程中起引导与监督作用。通过政府的购买行为、政策引导、降低准入门槛、减少税收和优惠政策补贴等措施来更好地保障医疗上门服务。其次，社区需要了解本社区居民中失能老人及其家庭的数量和情况，并给失能老人建立详细的医疗护理档案和随访记录，安排专门人员进行统一管理。社区工作人员在了解详细情况之后定期组织医务人员上门服务，做好巡诊记录，及时发现老人健康问题，尽早进行诊治。

其三，社区建立医养院以提供规范的医疗护理服务，实现治疗、追踪、随访、康复一条龙服务。首先进行政府、社会、个人三方面资源整合，一方面，保证社区外部人力、财物、政策、信息、技术等服务资源保质保量进社区；另一方面，对社区内部已有的资本、知识、设施等资源进一步优化配置，做到物尽其用，从而为社区失能老人提供更高质量的可持续医养服务。整合资源建立起社区医养院后，可利用信息技术提高医养结合智慧化水平：一是要发挥地方政府的主导作用。全面深化医养结合领域的“放管服”改革，制定智慧医养结合发展的总体规划和政策措施，牵头组建区域综合信息平台，健全智慧医养结合发展的标准体系。二是要推动医养结合的智慧服务体系和平台建设。构建覆盖家庭、社区和机构的智慧健康养老服务网络，开发健康养老需求监测、评估的智慧系统，加强面向医疗机构和养老机构的远程医疗平台建设。三是要推动智慧健康养老产业发展。制定智慧健康养老产业发展规划，扶持一批智慧健康养老示范企业，打造一批智慧健康养老示范园区，研发适老化的智能康养产品。

(三)养老主体增能：健全护理支持体系

其一，推进长期护理保险制度。失能老人的长期照料需要大量的专业护理与资金投入。为解决失能老人高昂的照料费用，我国可借鉴发达国家建立起的长期护理保险制度。对于有经济条件的个人，鼓励其在参与社会保险的同时参与更高层次的商业保险。对于经济困难的失能老人，可借鉴国外相关做法对60周岁以上的人口采取补贴形式以鼓励参保，60周岁以下的人口由单位和个人共同出资实行集体参保。目前，虽然我国已有长期护理保险制度试点，但农村失能老人参保率依然较低，应尽快推进农村长期护理保险制度的普及。

其二，重视专业知识培训。对于专业陪护人员，应提升其自我效能感、职业满意度和个人幸福指数，构建高素质服务团队，做好引导激励工作，吸引更多更优秀的专业人员从事陪护服务行业。对于非专业陪护人员，可通过医院和社区卫生院的分享和教学，提高其陪护知识和技能水平，缓解失能家庭的照顾负担。

其三，老人自我价值增能。失能家庭不可避免会产生负性情绪，因此疏解负性情绪、鼓励正性情绪极为必要。社区不仅可通过增设心理服务咨询站对有需求的陪护者进行心理疏导，缓解陪护者压力，还可以通过营造积极的陪护氛围以促进正性情绪发挥最大化作用。例如在高岙村，村委为村中一位失智老人安排了一项简单工作，虽报酬较少，但让其实现了自我价值增能。

◎ 参考文献

[1]张梦雯，赵桂凤，宋立鹏，李兰兰．云南省失能老年人社区居家照护生活质量及影响因素研究[J]．卫生职业教育，2022，40(12)：128-130.

[2]姜丽平．农村半失能老人多重困境的个案管理研究[D]．长春工业大学，2022.

[3]陈欣欣，陈燕凤，龚金泉，等．我国农村养老面临的挑战和养老服务存在的突出问题[J]．中国农业大学学报(社会科学版)，2021，38(4)：64-77.

[4]龙玉其．孝道与生计：农村失能老人子女照护需求、照护冲突与调

适[J]. 云南民族大学学报(哲学社会科学版), 2021, 38(3): 71-81.

[5]汪三贵, 张梓煜. 协同赋能: 农村失能老人养老服务供给研究[J]. 湖南农业大学学报(社会科学版), 2022, 23(1): 9-15.

[6]唐金成, 李莹莹. 长期护理保险赋能农村养老问题研究[J]. 南方金融, 2022(3): 63-76.

[7]胡宏伟, 李延宇. 中国农村失能老年人照护需求与成本压力研究[J]. 中国人口科学, 2021(3): 98-111, 128.

[8]盛素芬, 王慧星, 张益民. 失能、半失能特困老人医护不再难——河南省太康县推行医养结合养老服务新模式[J]. 农村·农业·农民, 2021(6): 53-55.

[9]赵敏, 张维亮. 失能老人居家养老护理现状分析[J]. 护理研究, 2022, 36(7): 1225-1228.

[10]唐金成, 李莹莹. 长期护理保险赋能农村养老问题研究[J]. 南方金融, 2022(3): 63-76.

[11]王瑞华. 改善农村失能老人增能照护的新场景与新路径——基于增能理论视角[J]. 华南理工大学学报(社会科学版), 2021, 23(5): 108-117.

中医药传播的现状以及解决方法

药学院　梁一金

一、中医药的传播现状

半个多世纪以来，西医学在中国获得了飞跃式的发展，挽救了诸多急、危、重症患者，提高了临床医疗水平。纵观从事临床一线工作的中、青年医学工作者，大多弃中从西，或中、西结合。受现代医学模式的渗透，祖国医学的学术思想及学术氛围受到了直接的冲击和影响。为了调查中医药在本地的普及范围以及大众对中医药的普遍印象，我们就近开展了关于中医药的调研活动，共收集有效问卷 110 份，一定程度上反映了当地居民对中医药的看法以及中医药的现状和普及程度。

1. 您对中医药了解吗？

选项	小计	比例
A. 很了解	7	6.36%
B. 比较了解	10	9.09%
C. 一般	62	56.36%
D. 基本不了解	27	24.55%
E. 完全不了解	4	3.64%
本题有效填写人次	110	

在有效填写的110人中，大部分人对中药的了解处于一般的程度，接近三分之一的人完全或基本不了解中医药。可见，中医药在传播与普及上仍然存在一些问题。

把视角放大到现实生活中，许许多多中医药的科学普及问题便被暴露出来。各种保健书籍目不暇接、中医药讲座充斥影视、科普教育板块见诸报端，人们随波逐流，注重养生保健几近狂热，部分人士声称某法包治百病，被百姓奉为神明，严重搅乱市场，波及经济。在本次调查活动中，当面对“若有学习中药养生知识的机会(讲座或宣传册)，您会参加吗”这个问题时，有一半人明确表示会去参加。由此可见如何更加科学地普及中医药知识对于改变当前中医药现状起着非同一般的作用。

2. 若有学习中药养生知识的机会(讲座或宣传)，您会参加吗?

选项	小计	比例
A. 会	56	50.91%
B. 不会	10	9.09%
C. 不一定	44	40%
本题有效填写人次	110	

二、良好的认同度

虽然中医药在普及上存在些许问题，但民众对于中医药的认同度普遍较高。在面对“您对中药持什么样的态度?”这个问题时，大部分人表示了赞同。

3. 您对中药持什么样的态度？

选项	小计	比例
A. 很赞同	46	41.82%
B. 比较赞同	56	50.91%
C. 不赞同	1	0.91%
D. 无所谓	7	6.36%
本题有效填写人次	110	

在被问到关于中医药的未来时，绝大部分参与者表示应发扬光大中医药。

4. 您认为中医药的未来发展是？

选项	小计	比例
A. 立即废除，不能再拖延了	2	1.82%
B. 发扬光大，加大投入力度	102	92.73%
C. 一定时期内要存在但应逐渐被取代	4	3.64%
D. 不关心，反正很少看中医	2	1.82%
本题有效填写人次	110	

显然大众对中医药文化的认知度弱于认同度，这是由中医药文化本身的属性所决定的。中医药文化带有浓厚的传统文化气息，其核心价值观“精诚仁和”内涵丰富，给中医药文化带来神秘感，故要从不同角度解释中医药文化内涵，推进中医药文化认知。在本次实践活动中，不论是社区义诊抑或“岐黄薪火代代传”小学夏令营活动，参与者都表现出极高的参与热情。因此如果有一个良好的平台和机会，大部分人是愿意去了解中医药文

化和接受中医方面的学习。

三、对促进中医药传播的一些看法

其一，百年大业，教育为本。如果能将中医药文化融入中学校园，将为中医药的发展注入新鲜血液。中医药文化融入中学教育，主要目的在于让更多青少年熟悉中医药知识、思考中医药的发展，激发其对祖国优秀传统文化的文化自觉与自信，帮助其树立正确的健康观、生命观与价值观，培养一部分学生进一步学习中医药知识的兴趣与志向。这样就会有更多人在大学阶段选择中医药相关专业，接受更加系统的教育，为我国的中医药发展事业添砖加瓦，推动我国中医药方面人才的培育。对于大学生，则应该趁假期时间，深入基层进行中医药文化宣传，将中医药带入各个社区、敬老院甚至乡村。

其二，中医药的传播不仅要依靠传统方式，更应该借助新媒体。近年来，中医药文化新媒体传播市场发展迅猛，为中医药文化的普及和传播提供了便捷的途径和平台，先有微博、贴吧、知乎等论坛的发展，再到如今异军突起的各类短视频平台，中医药的传播方式应该与时俱进，紧跟年轻人的脚步，融入年轻人的生活。以微博为例，仅 2020 年 9 月，微博的日活动量就高达 2. 4 亿。如果能将中医药文化知识的传播与微博紧密联系，那么中医药的传统、中医药的历史、中医药的文化、中医药的近况、中医药的发展、中医的养身保健等，所有与中医药有关的信息，都可以在微博平台上得到充分展示，更不用说体量更加庞大的短视频平台了。中医药对外传播网络平台的构建，顺应了网络新媒体技术快速发展的国际大势，为中医药深入、全面地对外传播提供了一种高效的媒介渠道。

其三，随着网络的快速发展，传播乱象层出不穷。各类虚假宣传铺天盖地，误导民众，蛊惑人心，更有甚者，打着“老中医”的名号招摇拐骗，一些“黑专家”在借助短视频进行直播的同时出售虚假商品，骗取百姓钱财，不仅严重败坏我国传统中医药文化的名声，更危害消费者的身心健康！当前，越来越多青年人和未成年人进入短视频平台，用户属性开始呈

“年轻化趋势”，这对于中医药文化的传播是一个绝佳的契机，也是一种危机，因此如何更好地监管各类短视频平台就成了一个亟须解决的问题。只有提高社会主义核心价值观在短视频内容传播过程中发挥的“把关”作用，才能营造一个良好的科学传播环境，而这不仅需要相关法律法规的制定，还需要短视频平台营运商和视频发布者的自我监管。

◎ 参考文献

[1]常志强，王立伟，刁海燕，等．浅谈对当代中医药现状的认识与思考[J]．世界最新医学信息文摘，2016，16(38)：32-33.

[2]王玉，李秦稳，石江梅，等．探讨大众对中医药文化的认知[J]．贵阳中医学院学报，2019，41(5)：101-103.

[3]匡文波，邓颖．短视频监管与多重把关主体的范式转型：把关理论的研究视角[J]．中国编辑，2021(4)：4-9.

[4]王然禹，靳琦，刘倩，等．2018 年全国居民中医药健康文化知识普及情况及影响因素分析[J]．中国健康教育，2021，37(5)：444-447，462.

[5]吴玥蓓，张瑜，张继苹，黄泳．中学生中医药普及教育的思考[J]．科教文汇(中旬刊)，2021(4)：120-121.

[6]魏丽芬，曹继刚，范玥．近十年中医药文化普及和传播研究概述[J]．湖北中医药大学学报，2021，23(1)：126-129.

[7]杨奕望，吴鸿卅．论微博时代中医药的传播与普及[J]．中医药管理杂志，2011，19(8)：727-728.

[8]丁雪莉，李德俊，郝建军．基于抖音平台模式的中医药对外传播网络平台构建[J]．互联网周刊，2022(3)：46-48.

[9]谢新洲，朱垚颖．短视频火爆背后的问题分析[J]．出版科学，2019，27(01)：86-91.

大学生活篇

对大学生消费情况的调查分析与思考

阿尔伯塔学院　蒋奕卿

随着现代科技的发展，线上消费成为常态，大学生的消费模式呈现理性规划不足、消费盲目跟风等特点，便利的消费手段以及数字化支付也使大学生陷入过度消费的陷阱。大学阶段是学生价值观形成的关键时期，也是大学生步入社会之前关键的四年缓冲期，培养大学生形成良好的消费习惯是十分重要的。

一、调研内容及方法

调研内容：本次调研的内容主要包括网络对大学生消费的影响、冲动消费情况以及大学生的消费水平。

调研方法：本次调研主要采取问卷调查方法。

二、调研情况分析

(一)调查对象

调查问卷显示，本次调查对象的有效人次是279人次，男女比例约为3∶7。目标对象为在校大学生，其中主要为大二、大三学生，分别占30.47%、29.39%。问卷对象来源主要有浙江、广东、四川等省。

第 1 题：您的性别[单选题]

选项	小计	比例
男	85	30.47%
女	194	69.53%
本题有效填写人次	279	

第 2 题：您的年级[单选题]

选项	小计	比例
大一	55	19.71%
大二	85	30.47%
大三	82	29.39%
大四	52	18.64%
大五	5	1.79%
本题有效填写人次	279	

(二)消费层次

第 3 题：您每月的生活费[单选题]

选项	小计	比例
1500以下	66	23.66%
1500~2000	128	45.88%
2001~3000	66	23.66%
3000以上	19	6.81%
本题有效填写人次	279	

第 4 题：生活费来源[单选题]

选项	小计	比例
全部来自家庭	142	50.9%
部分来自家庭，部分靠自己赚取	131	46.95%
全部靠自己赚取	6	2.15%
本题有效填写人次	279	

调查结果显示，大部分在校大学生每月的生活费在 0~3000 元，其中人数最多的生活费为 1500~2000 元，占 45. 88%。50. 9%的学生每月生活费全部来源于家庭，46. 95%的学生的收入来源则是部分家庭部分自己挣取，仅有 6 人的生活费全部来源于自己赚取。

第 5 题：当您每月的消费超过生活费时，您会选择[多选题]

选项	小计	比例
向父母寻求帮助	14	63.64%
使用花呗等手段预支	5	22.73%
利用闲暇时间打工	9	40.91%
本题有效填写人次	22	

第 6 题：每月的生活费有余时，您会把它用于[多选题]

选项	小计	比例
存起来	91	86.67%
吃喝玩乐	45	42.86%
学习资料的购入	31	29.52%
捐款	2	1.9%
其他	0	0%
本题有效填写人次	105	

问卷也对大学生的消费情况作了调查，在填写本次问卷的 279 人中，22 人(7.89%)认为生活费并不足以承担自己的日常花销，其中 14 人选择向父母寻求帮助，9 人会利用闲暇时间打工以满足自己的花销。105 人(37.63%)认为每月生活费有所剩余，其中大部分人(86.67%)会选择将剩余的生活费存起来，将近一半的大学生会将多余的钱用于娱乐方面，也有 29.52%的人选择将金钱投入学习资料等的花费。关于消费计划，124 人(44.44%)会一边消费一边计划，87 人(31.18%)选择能省则省，34 人(12.19%)选择全部计划好再花以及想花就花。

(三)具体消费去处

第 7 题：对于不同价格的某一消耗品，您会选择[单选题]

选项	小计	比例
一分价钱一分货，买贵的	31	11.11%
消耗品没必要用贵的，买便宜的	101	36.2%
在可承受消费水平下选择价格适中的	147	52.69%
本题有效填写人次	279	

根据问卷结果，不论是选择耐用消耗品还是低值易耗品，超过一半的学生会在自己可承受的消费水平下选择价格适中的商品，选择买价格低的产品的人数也较多。

此外，大学生的月消费多用于伙食、购置衣物以及生活用品，分别占 69.18%、46.24%、46.24%，也有一部分用于休闲娱乐(29.03%)、交通通信(26.16%)、日常交际(22.22%)等。有 155 人(55.56%)每月花费 600~1000 元用于基本生活开销，有 165 人(59.14%)每月用于生活所需以外的费用为 200~500 元(如消夜、团建、购物等)。关于娱乐消费，近一半的大学生会进行游戏充值以及去周边超市购物等，19%会因为追星而花钱。

(四)购物方式

问卷结果显示，大部分(79.21%)大学生通常选择网络购物，只有

20. 79%的学生通过线下实体店的形式消费。

在实体店购物时，超过一半的大学生会被其他物品吸引，但不会购买；31. 9%的大学生目标明确，只购买目标物品，但仍有 14. 7%的人会购买很多目标以外的物品。

(五) 网络对大学生消费的影响

第 8 题：您在网上购物时优先看[单选题]

选项	小计	比例
购买人数	51	18.28%
好评率	164	58.78%
网红推荐	40	14.34%
家人朋友推荐	18	6.45%
其他	6	2.15%
本题有效填写人次	279	

第 9 题：一般情况下，您认为您买到的产品质量与价格是否相符[单选题]

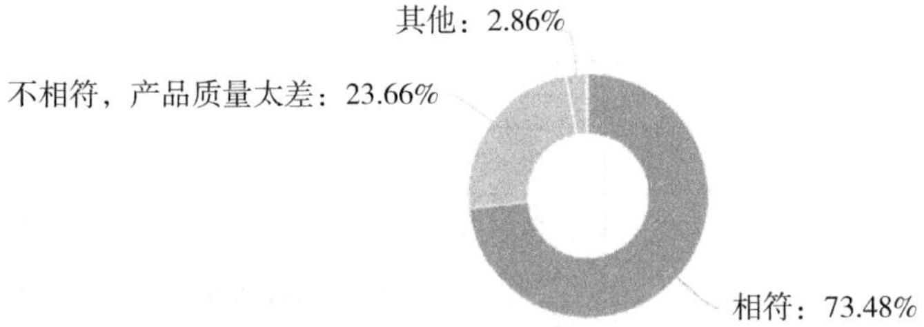

在填写问卷的 279 名大学生中，超过一半的人(58. 78%)网购时将好评率作为第一筛选对象，其次为购买人数以及网红推荐。而在购买商品后，73. 48%的人认为商品质量与其价格相符。

第 10 题：您每日花费在购物软件上的时间[单选题]

选项	小计	比例
基本为0	25	8.96%
30分钟以下	139	49.82%
30~60分钟	87	31.18%
1~2小时	20	7.17%
2小时以上	8	2.87%

第 11 题：您是否有过冲动消费[单选题]

选项	小计	比例
从未	28	10.04%
偶尔几次	221	79.21%
经常	30	10.75%
本题有效填写人次	279	

第 12 题：您冲动消费的契机是[单选题]

选项	小计	比例
朋友推荐	39	13.98%
网红推荐	46	16.49%
心血来潮	167	59.86%
短视频软件中推荐	23	8.24%
其他	4	1.43%
本题有效填写人次	279	

问卷结果显示，超过一半的人每日花费在购物软件上的时间在 30 分钟以下(包括为 0)，少部分(31.18%)的人会花费半小时到一个小时的时间浏览购物软件。与此同时，有 79.21%的大学生会有偶尔几次的冲动消费。他们冲动消费的契机多是心血来潮(59.86%)，也有一些人是因为网红或是朋友推荐而去消费。

最后，本问卷也对大学生目前的消费模式进行了调研。3/4 的学生有过定下省钱计划但还是没有克制住花钱的时候，认为自己的消费模式需要改变的大学生与不需改变的人数相差不大，但略占下风，分别为 43.01%与 56.27%。

三、结果分析与感悟

线上消费成为常态。随着现代科技的发展以及电子产品的普及，人们逐渐习惯网络带来的影响，并因为它的便利性而逐渐放弃原有的一些消费购物方式。据“大学生网络信息消费现状、需求及提升路径”的数据，大学生平均每周使用网络时长为 28.27 小时，比 2019 年上半年我国网民人均每周上网时长(27.9 小时)多 0.37 小时，这也是线上消费的基础。大部分大学生最常使用的购物方式为网络购物。一方面，网络消费的便利性大大节约了购物的时间，大学生能在课余时间通过手机等电子设备进行网络购物，而不需要花费好几个小时去线下实体店铺购物。另一方面，线上商品品种的丰富性以及来源的多样性让大学生有充足的选择空间，能够最大限度买到自己心仪的产品。此外，线上消费不仅局限于购物，教育娱乐类支出在大学生的消费占比中也逐渐升高。“他们越来越倾向线上教育，导致其线上教育支出在消费中的占比逐渐升高。”网络上教育学习平台日益增多，如知道、学习通、医考帮等，许多学习资料仅需花费少量钱财便可得到，正好满足了学生的学习需求。

注重精神需求。根据问卷显示，大学生在娱乐方面的支出约占每月消费的30%，其中主要为购买游戏产品，还有一部分是为视频软件充值。“大学生们一方面处于一个比高中时期更为宽松的学习环境中，娱乐需求欲望得到释放；另一方面对有更高要求的大学生们来说，学业压力之下，娱乐消费也是重要的自我调节方式。”对于大学生来说，娱乐是学习、生活以外极其重要的一部分，能够平衡学业压力与生活的矛盾，而近年来网络的流行，各种娱乐方式层出不穷，玩游戏、看视频、追星等，恰好满足了他们日益上升的娱乐需求。

理性规划不足。调查结果显示，冲动消费存在于大部分大学生中，他们大多是心血来潮想要消费。“有部分学生表示，虽然能偶尔克制住自己的消费欲望，但时常会出现从众、攀比等心理，这会在短时间内扰乱自己的消费行为。”也有部分学生在线下店或网络购物时常常会被目标以外的商品吸引，从而产生了不必要的消费。不管是从众、攀比心理还是单纯被吸引，归根到底都是因为自制力不足，没有很好的消费计划。问卷显示约有一半的大学生消费时都是一边花钱一边计划，当然，这样的消费模式并没有不对的地方，但对于自制力不足的学生，很容易在一时冲动之下为了某个商品花费不必要的支出后在接下来的一个月内只能省吃俭用。《全国大学生信用认知调查报告》显示，大学生弥补资金短缺时的渠道主要是父母和亲朋好友等的支持，但仍有8.77%的被调研大学生会使用小额信用贷款和网络贷款获得资金，且也有部分学生会选择再次借款来弥补漏洞，这无疑是一个恶性循环。校园贷、消费贷等引发大学生轻生自杀的悲剧性事件屡见不鲜，严重扰乱了校园安全稳定甚至诱发一系列社会问题。

富有个性。“伴随着消费文化的发展，人们已经从宣扬自己的美德转变为宣扬自己的个性人格。”随着国外文化的传入以及国人思想的变革，新一代年轻人的消费标准不再是单一的实用，而已转变为追求美观与个性。在购买衣物首饰时，部分学生往往会避开大众款式，选择那些能够彰显个性的商品。在过去被视为累赘的摆件装饰等，现在也变得格外流行，往往成为年轻人挑选生日礼物时的首要选择。此外，消费范围的扩大也能显示不同学生的个性。追星学生会将钱花于购买周边、明星应援，注重外表的学生会投资于美甲、首饰、衣物等，多种消费途径让学生们有更大的选择空间。

四、建议与反思

个人加强自制力，学会理智消费。要改变当前消费模式的缺点，必须从大学生本人出发。学会理智思考，多加规划，不仅要在消费时考虑到自己的经济水平，更要学会提前规划，自制力不足的学生要时刻提醒自己理性消费，可以提前制订消费计划，将其记在备忘录中或是醒目的地方，每天晚上统计一天下来的花销，为接下来的日子做出更好的规划。

父母以身作则，树立消费好榜样。父母作为孩子的第一任老师，在子女的成长过程中起到了重要的作用。大学生能否树立一个正确的消费观，家长起到了至关重要的作用。家长首先要有自己的消费观念，不能过度溺爱孩子，有求必应，在言传身教中告诉孩子金钱的来之不易，避免孩子养成随意挥霍的恶习。同时，家长也可以鼓励孩子在假期进行兼职，让他们亲身体会赚钱的艰辛。

学校与社会加强消费相关教育，创造良好氛围。“大学阶段是学生价值观形成的关键时期，也是学生步入社会之前关键的四年缓冲期。”在大学，学生离开了家庭，所接触的大部分是学校中的人与物，因此，一个好的校园氛围是极其重要的。身处于人人挥霍、比拼奢侈品的氛围中，学生很难不被感染，从而花费不必要的支出。劳动价值观蕴含着劳动者对待劳动的深厚情感，是劳动者在大量劳动中形成的关于劳动的总体看法和基本观点。有什么样的价值观就有什么样的消费观，而正确消费观的确立也会促进正确价值观的形成。对于社会，加强劳动教育的宣扬有助于帮助大学生了解相关知识，将“劳动才有获得”这一观点牢记于心，这也是第二点中家长鼓励孩子兼职的另一种体现。

◎ 参考文献

[1]李月，张慧."00后"大学生消费现状及对策[J]. 锦州医科大学学报，2022(3)：15-17.

[2]刘双. 新兴网络消费文化对大学生消费观念和行为的影响研究[J]. 中国商论，2022(5)：31.

[3]刘维，熊和平. 大学生消费文化的检视与重构[J]. 宁波大学学报，2022(4)：88-96.

关于大学生小商品市场消费行为的调查报告

仁济学院　崔榜羚

随着小商品市场的不断扩大，市场饱和所带来竞争越来越激烈。大学生作为有力的消费群体，研究大学生关于小商品市场消费行为的影响因素对商家来说具有积极的意义。本文通过问卷调查的方式对大学生小商品市场消费行为进行剖析，探究其背后的影响因素并提出相应的意见与建议。

一、调查背景

义乌小商品市场曾经依靠实惠便宜、种类多样等优势在市场占据头部地位，不少商人依托义乌小商品市场在全国各地开起了小商品市场营销店面，但随着线上零售业的发展以及小商品市场在发展中产生的问题，比如说低价竞争、市场饱和、商品更新速度慢等问题，不少小商品市场营销店面面临营业亏损甚至倒闭的局面。近年来，大学生消费水平一直呈上升趋势，货郎先生义乌小商品直销超市临桂店所处的桂林市有 12 所大专院校，大学生是可观的消费群体，而大学生作为特殊的消费群体消费观念复杂，因此我通过调查了解大学生对小商品市场的消费习惯，分析大学生消费心理，为小商品市场经营者提供适切的销售方案。

二、调查目的

充分了解大学生的消费需求，就大学生这一消费群体对小商品市场的消费习惯进行分析归纳总结，使商家能够正确把握消费者的消费心态，制定更加合理有效的营销策略和营销方式。

三、调查对象

随机选取的中国境内在校大学生。

四、调查内容

调查内容包括：消费者个人意向，消费者的习惯，消费者购买物品的意向，消费者的消费经历与评价，改进超市的意见。

五、调查程序与方法

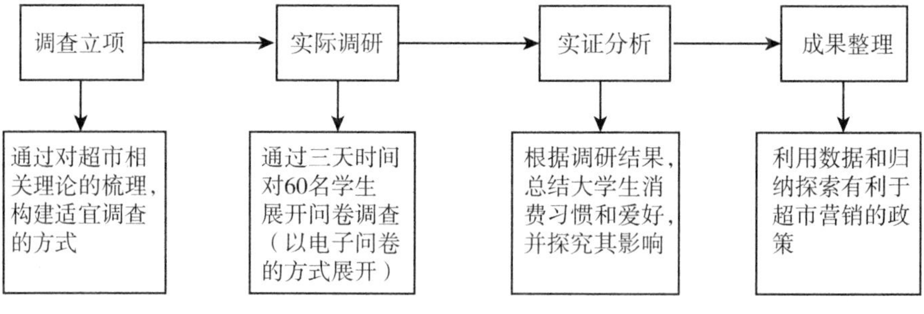

调查采用问卷的方式，设置并发布电子版调查问卷，以国内大学生为主要调查对象。

调查结果如下：

1. 平时更喜欢线下还是线上消费

A. 线上　　　　B. 线下

设计理由：比较大学生对于线上购物和线下购物的喜欢度，以此得出开发线上购物小程序的必要性与否。

数据分析：本次调查中选择线下的有 4 人，选择线上的有 56 人，体现出大学生更注重线上购物。

2. 喜欢在学校附近买东西吗

A. 喜欢　　　　B. 不喜欢

设计理由：调查地理位置对大学生消费的影响。

数据分析：本次调查中选择喜欢的有 31 人，选择不喜欢的有 29 人。从该数据可以看出地理位置对于大学生的消费积极性仍有较大的影响，大部分人会选择在学校附近解决自己的消费需求。

3. 一个月会去小商品市场购物几次

A. 基本不去　　B. 偶尔(1~2 次)　　C. 经常(3 次以上)

设计理由：通过调查大学生日常去小商品市场消费的频率来探究其消费习惯。

数据分析：

选项	小计	比例
A. 基本不去	25	41.67%
B. 偶尔（1~2次）	28	46.67%
C. 经常（大于3次）	7	11.67%
本题有效填写人次	60	

由表格可以得出半数以上的大学生将去小商品市场消费纳入到日常消费中。

4. 一般在什么时候去小商品市场购物

A. 周六、周日　　B. 周一至周五放学期间　　C. 节假日

设计理由：通过对大学生消费时间的调查为以后举办打折活动做基础。

数据分析：本次调查中选周六周日的有 24 人，选周一至周五放学期间的有 3 人，选节假日的有 8 人。由此得出大学生倾向于有较长自由时间的周六日去购物。

5. 一次消费多少钱

A. 少于 20 元　　B. 20～50 元　　C. 21～100 元　　D. 101～200 元

E. 200 元以上

设计理由：调查大学生的消费金额范围。

数据分析：

选项	小计	比例
少于20元	11	18.33%
20~50	24	40%
51~100	18	30%
101~200	5	8.33%
200元以上	2	3.33%
本题有效填写人次	60	

由表格可以得出大学生的消费金额集中在 100 元以上，超过 100 元的学生较少。表明大学生在小商品市场购物消费适中，偏理性。

6. 希望在小商品市场买到什么物品(多选题)

A. 小饰品　　B. 生活用品　　C. 一般食品　　D. 玩具

E. 运动用品　F. 学习用品　　G. 其他

设计理由：了解吸引大学生前往小商品市场购物的主要物品类型。

数据分析：

选项	小计	比例
小饰品	42	70%
生活用品	35	58.33%
一般食品	33	55%
玩具	12	20%
运动物品	7	11.67%
学习用品	30	50%
其他	5	8.33%
本题有效填写人次	60	

由表格可以看出希望在小商品市场购买小饰品的占绝大多数，希望购买生活用品、一般食品、学习用品的也在半数以上，希望购买玩具和运动用品者较少。

7. 一般在小商品市场购买什么小饰品？（多选题）

A. 头饰　　B. 胸饰　　C. 挂饰　　D. 首饰

设计理由：了解大学生在选择购买小饰品时的优先级。

数据分析：

选项	小计	比例
头饰	436	85.71%
胸饰	13	30.95%
挂饰	33	78.57%
首饰	27	64.29%
本题有效填写人次	42	

由表格可以看出大学生购买小饰品时选择购买头饰挂饰的占大多数，达到了 85.71%，而对胸饰的需求最小，只有 30.95%。

8. 一般在小商品市场购买什么生活用品？(多选题)

A. 洗漱用品　　B. 化妆用品　　C. 炊事用品　　D. 其他

设计理由：用于了解大学生在小商品市场主要购买什么生活用品。

数据分析：

选项	小计	比例
洗漱用品	32	91.43%
化妆用品	9	25.71%
炊事用品	8	22.86%
其他	2	5.71%
本题有效填写人次	35	

从表格数据可以看出大部分大学生在小商品市场购买生活用品主要是洗漱用品，其他如化妆用品、炊事用品购买占比较小。

9. 一般在小商品市场购买什么一般食品

A. 饮料　　B. 零食

设计理由：用于对一般食品作进一步分类了解。

数据分析：本次调查中，选择饮料的有 9 人，选择零食的有 24 人。可看出大学生在小商品市场选择一般食品时选择购买零食的比较多。

10. 一般在小商品市场购买什么饮料(多选题)

A. 碳酸饮料　　B. 茶类饮料　　C. 果汁饮料　　D. 运动饮料

E. 其他

设计理由：了解大学生的饮料偏好，以利于在采购饮料时适当增加或减少某类饮品的占比，提高客户的消费体验。

数据分析：

选项	小计	比例
碳酸饮料	4	44.44%
茶类饮品	6	66.67%
果汁饮料	6	66.67%
运动饮料	1	11.11%
其他	0	0%
本题有效填写人次	9	

从表格可以看出现在的大学生更加追求健康的饮品，如茶类、果汁类，占比都达到了66.67%。

11. 一般在小商品市场购买什么零食(多选题)

A. 膨化食品　　B. 凉果蜜饯　　C. 肉干鱼干　　D. 罐装零食

E. 糕点类　　F. 其他

设计理由：了解大学生在选择零食时的喜好。

数据分析：

选项	小计	比例
膨化食品	10	71.43%
凉果蜜饯	6	42.86%
肉干鱼干	5	35.71%
罐装零食	4	28.57%
糕点类	5	35.71%
其他	2	14.29%
本题有效填写人次	14	

大学生在选择零食时，膨化食品占大多数，占71.43%；肉干鱼干和罐装零食、糕点类差距不大，在30%上下。

12. 一般在小商品市场购买什么玩具(多选题)

A. 玩偶布偶　　B. 盲盒　　C. 游戏动漫、明星类周边玩具

D. 益智类玩具　　E. 其他

设计理由：了解大学生在小商品市场购买玩具时的偏好。

数据分析：

选项	小计	比例
玩偶布偶	10	83.33%
盲盒	6	50%
游戏动漫、明星类周边玩具	5	41.67%
益智类玩具	4	33.33%
其他	0	0%
本题有效填写人次	12	

由表格可知83.33%的大学生会在小商品市场挑选玩具时选择玩偶布偶，而购买益智类玩具的较少，只有33.33%。

13. 一般在小商品市场购买什么运动用品(多选题)

A. 服饰类　　B. 运动器材　　C. 运动护具　　D. 其他

设计理由：了解大学生在小商品市场主要购买什么运动用品。

数据分析：

选项	小计	比例
服饰类	6	85.71%
运动器材	2	28.57%
运动护具	4	57.14%
其他	0	0%
本题有效填写人次	7	

由数据可知，购买运动用品的大学生中有 85.71%选择了服饰类，有 57.14%选择了运动护具，只有 28.57%的大学生选择了运动器材。

14. 一般在小商品市场购买什么学习用品(多选题)

A. 书写类　　B. 纸类　　C. 工具类

设计理由：了解大学生在小商品市场主要购买什么学习用品。

数据分析：

在购买学习用品中，有 86.67%的大学生选择书写类，选择纸类的有 50%，选择工具类的有 30%。

15. 对于小商品市场感觉有什么不足(多选题)

A. 物品质量不好　　B. 分类杂乱　　C. 服务人员态度差

D. 卫生条件欠缺　　E. 打折活动少　　F. 物品种类少

G. 物品种类更新速度慢　　H. 其他

设计理由：以大学生的角度看小商品市场的不足，以此来对小商品市场的不足做出相应的改正。

数据分析：

选项	小计	比例
物品质量不好	28	46.67%
分类杂乱	18	30%
服务人员态度差	5	8.33%
卫生条件欠缺	10	16.67%
打折活动少	24	40%
物品种类少	20	33.33%
物品种类更新速度慢	27	45%
其他	2	3.33%
本题有效填写人次	60	

由表中数据可知，有46.67%的学生认为小商品市场存在物品质量不好的问题，因此商家在进货时应更重视性价比，选择质量好的货品，而不能只以便宜作为卖点；45%的学生认为小商品市场存在物品种类更新速度慢的问题，因此商家应及时更新商品种类以吸引客户，长时间卖同类商品无法留住客户；40%的学生认为打折活动少，说明促销等活动更能吸引客户前来购物；33.33%的学生认为小商品市场物品种类少，说明多样的商品对客户有较强吸引力；30%的学生认为分类杂乱，说明商家在摆放货品时应采用更逻辑科学的分类方式；16.67%的学生认为小商品市场存在卫生条件欠缺的问题，说明商家应及时对货品进行打扫擦拭等；8.33%的学生认为小商品市场服务人员态度差，说明商家应制定服务规范，对服务人员进行相应的规培。

16. 您更喜欢哪一种折扣活动，有惊喜感(多选题)

A. 满减　B. 会员卡　C. 盲盒　D. 抽奖

E. 节日活动　F. 周年庆　G. 其他

设计理由：从大学生的角度为商家提供活动建议。

数据分析：

选项	小计	比例
满减	42	70%
会员卡	11	18.33%
盲盒	13	21.67%
抽奖	17	28.33%
节日活动	28	46.67%
周年庆	23	38.33%
其他	4	6.67%
本题有效填写人次	60	

大学生倾向于采用满减的方式进行折扣活动，节日活动和周年庆的呼声也较大。

六、结论建议

通过问卷调查，现对大学生关于小商品市场消费行为进行以下分析总结：

其一，大学生在小商品市场消费偏理性。结合题 3 和题 5 来看，大学生每月消费次数以少于 2 次为主，每月在小商品市场花费基本低于 100 元，以 20~50 元一档为主，可以看出大学生在小商品市场消费偏理性。

其二，大学生在小商品市场购物内容多元化。从 6~14 题中可以看出，大部分数据在除去最大值和最小值后，剩余数据数值均为相近数值，这表明大学生在小商品市场购物时除去吸引他们购买的主要源头商品外，他们都会选择购买其他商品而不局限于目的商品。

其三，大学生消费注重质量和货品的多样性。从 15 题可以看出，46.67%的大学生认为小商品市场存在质量不好的问题，如果商家只注重购入低廉价格的商品将很难吸引大学生群体。45%的大学生认为小商品市场物品种类更新速度慢，33.33%的大学生认为物品种类少，不及时更新商品种类也很难吸引大学生。

商家应该注重商品品质，及时对商品进行更新，在节日活动辅以满减活动以吸引大学生群体前来购物。

◎ 参考文献

[1]沈情. 大学生消费心理特点及市场营销策略探究[J]. 现代营销(经营版), 2021, 29(22): 82-83.

[2]王覃刚, 潘雨. 消费行为演化下小商品市场生存空间探究——以汉正街小商品市场为例[J]. 中国市场, 2021, 28(5): 11-14.

[3]蔡达．浅谈小商品市场的大发展[J]．现代经济信息，2012，27(13)：1.
[4]程炳卿，赖存理．义乌小商品市场发展研究[J]．浙江学刊，1997，35(2)：7.
[5]吴晓，吴明伟．小商品市场的形成发展与建设[J]．城市规划，2009，33(1)：38-42.
[6]夏宇，黄鹏．改革开放以来我国居民消费行为的变化与发展[J]．商业经济研究，2015，34(16)：44-45.
[7]陈鹏．广西大学生社会支持与消费价值观关系研究[J]．法制与经济，2022，31(6)：115-118.
[8]张乔玲，石磊，陈晔桦，冯渊．00后大学生消费价值观及引导路径研究[J]．邢台职业技术学院学报，2021，38(4)：26-29.
[9]赵徐畅．心理学视角下的大学生消费市场营销策略分析[J]．品味经典，2020，21(11)：95-96.

大学生消费行为调查

——以温州医科大学仁济学院为例

仁济学院　张梦丽

为了解疫情给当代大学生消费行为带来的影响，学校开展了一项问卷调查，主要从消费方面调查疫情期间大学生的消费水平、收支结构、消费习惯和消费心理动机等，以分析当代大学生消费行为的利弊，从而提出更好的解决方案。

一、大学生的消费水平

根据问卷调查，疫情期间温医大仁济学院的学生(以调查的200个学生为例)正常消费水平在1500~2000元，大概有20%的学生消费水平在1000~1500元，10%左右的学生消费水平大于2000元。男女生调查人数一样，结果显示女生消费普遍高于男生，在化妆品、衣服首饰方面消费明显高于男生，但在兴趣爱好以及吃饭方面花费低于男生。

二、收支结构

在调查的200位学生中60%的学生收入完全来自父母，30%的学生收入来自父母以及在学校做兼职，同时利用寒暑假找工作作为自身的生活费，剩余10%大部分来自父母以及亲戚，小部分资金来自学校的资金补助或者奖学金以及兼职等。调查也发现大部分学生的支出远远大于自身的生活费，以致出现月初“富得流油，月末吃土”的现象。

三、消费支出

受疫情的影响，大学生支出发生了相应的变化。以前消费主要在外出游玩或者外出购物等方面，但是受疫情影响，学校进行封闭式上课，没有外出的可能，导致学生在校花费远高于之前，同时网上购物形成了“热潮”。调查结果显示女生网上购物数量略大于男生，但是花费金额远大于男生，形成了不出门购物的习惯。

四、消费习惯

通过从大学生是否有记账习惯、超前消费、冲动消费等方面进行调查，发现80%的大学生没有记账的习惯，一些学生表示有记账的习惯但是偶尔会忘记。90%的学生会冲动消费，头脑一热便会激情下单，过后也会后悔觉得自己太过于冲动，但是下次同样的事情仍会再犯。小部分学生在月中会花费完自己的生活费，以致后面都是“吃土”状态。

五、消费心理

调查显示，大多数学生消费随生活费多少的改变而改变，疫情影响下导致家长给学生的生活费减少，间接改变了学生大手大脚的消费习惯。同时消费是为了满足自身的需求，面对诱惑绝大多数学生抵抗不住，某些学生存在从众消费现象。

六、消费行为

通过调查，大学生购物存在冲动消费等不理智行为，一些学生花钱大手大脚，铺张浪费，攀比心重，但在花钱浪费的同时也使他们感觉挣钱不容易，产生了后悔心理。

七、解决方案

消费不仅仅是个人行为，国家经济以及政策改变也会影响学生消费行为。时代在进步，经济也越来越发达，许多学生生活在小康家庭，经济实力很好，也没有经历生活的摧残，不明白挣钱的不容易。学校不仅要提高学生的节约意识，家长也要教育孩子不要铺张浪费，不和同学朋友之间作无谓的攀比。学生自己也要注重自身的内在修养，每月制定一个目标，在和朋友交往时管理好自己的娱乐和学习，减少一些不必要的社交和娱乐行为，注重精神文化消费。

大学生作为国家的栋梁，不仅要靠社会、学校、父母的帮扶，更要学会自己管理自己，不仅仅在学习方面，更应在道德方面以及法律方面严格要求自己。制定合适的消费支出，不仅是自律的表现，同时也会在无形之中成就自己。

◎ 参考文献

[1]甘新蕊，李淑媛，周凌竹，等．新冠肺炎疫情下在校大学生消费行为调查[J]．合作经济与科技，2020(11)：78-80.

[2]陈科，褚若楠．新冠肺炎疫情背景下影响大学生消费行为因素研究[J]．中国市场，2022(16)：142-144.

[3]陆诗易，冒石彭，贺丽萍，等．大学生消费行为影响因素调查[J]．合

作经济与科技，2021(8)：90-92.
[4]陈云波．当前大学生消费观存在的问题及对策[J]．投资与合作，2021(3)：159-160.
[5]刘阿娜，李千博，韦子默．新冠肺炎疫情期间大学生消费心理及行为变化分析[J]．国际公关，2021(2)：82-83.
[6]陈萍．高校大学生消费结构调查分析[J]．现代农村科技，2020(10)：86-87.
[7]任颖．当代大学生消费道德问题及其对策探究[J]．现代交际，2020(14)：138-139.
[8]尹旭熙．大数据视域下大学生消费现状及对策研究[J]．科技风，2020(17)：138.
[9]张怡．新时代大学生消费观问题研究[D]．郑州轻工业大学，2020.

大学生防诈骗社会调查报告

检验医学院　叶馨菲

随着社会经济以及科技的发展，在网络逐渐普及的情况下，电子信息诈骗也以各种方式出现。2021 年 4 月，习近平总书记对打击电信网络诈骗犯罪工作做出重要指示：坚持以人民为中心，全面落实打防管控措施，坚决遏制电信网络诈骗犯罪多发高发态势。大学生易受电子信息网络诈骗侵害，了解大学生受诈骗情况、防诈骗意识以及受诈骗原因，探究有效预防大学生防诈骗的措施有着重要的意义。我们依据随机抽样调查的方法来增加结果的科学性和可靠性，使用问卷星随机发放调查问卷，收集到不同的学校、年级、专业、性别的学生共 165 份调查样本。其中男性占 29.09%，女性占 70.91%；大一为 64.85%，大二为 32.12%，大三为 1.82%，大四为 1.21%，现对调研情况进行介绍。

一、受诈骗情况调查

(一)遇诈骗情况多发

经调查，在参与填写调查问卷的人员中有 24.85%的参与调查者从未收到过诈骗电话和短信，67.27%的参与调查者偶尔收到，7.88%的经常收到。可见，诈骗行为较为普遍。据新华社报道，近 10 年来，我国电信诈骗案件的数量每年以 20%~30%的速度快速增长。

(二)诈骗类型多样

中国互联网络信息中心(CNNIC)发布《第47次中国互联网络发展状况统计报告》，报告显示，截至2020年12月，我国网民规模达9.89亿，我国的网民总体规模已占全球网民的五分之一左右。其中学生最多，占比为21.0%，达到2.08亿，大专及以上的人数达4050万。随着现代网络的不断发展，诈骗类型也更加多样化，并向着现代化的趋势发展。根据调查问卷，学生遭受诈骗的类型中校园贷有22.42%，信息诈骗有52.12%，刷单诈骗有37.58%，冒充网购客服有33.33%，游戏充值诈骗有42.42%，选择其他的有26.67%，其他的诈骗类型有以投资理财、网络交友恋爱、寻求兼职、线下以公益捐款为名的诈骗等，形式多样，网络化明显。

二、大学生受诈骗情况频发的原因

(一)防诈骗意识不强，自我防范不足

从调查问卷中可知，有87.37%的大学生认为自我防范不足导致诈骗情况频发。为了测试大学生的防诈骗意识，我们在问卷中增加以下问题："当接到陌生电话告知您快递丢失，需要您的支付宝账号向您赔偿两倍价钱，您会怎么做?"54.55%的参与者表示会直接挂掉，41.82%的参与者认为先核实，再作决定，而有3.64%的参与者抱有侥幸心理，认为有可能通过这种方式赚钱。"当熟人向您发送未知链接时，您会怎么做?"6.67%的大学生选择熟人发来的，肯定不是骗子，能点，93.33%的大学生认为要谨慎小心，确认安全后才能再点击。调查报告显示，只有64.42%的大学生很关注防诈骗这方面信息，有30.3%者了解过，但不觉得很重要，还有7.27%的大学生表示自己没了解或学习过。对这些问题的回答一定程度上体现了大学生防诈骗意识仍旧比较薄弱，自我防范不足，从而导致受诈骗情况频发。

(二)法律意识淡薄，检举率不高

“如果您遇到疑似诈骗事情，您会怎么办?”据调查问卷，18.79%的大学生选择先听他的话看看，是诈骗再说。有10.91%的大学生选择用戏弄对方的方式解决，这种方式反而容易使自己陷入诈骗的漩涡，有可能“被迫”触犯法律的底线，对自己的人生产生影响。有30.3%的参与者选择不予理会，5.45%的大学生选择和别人商量一下，而只有34.55%的参与者选择立马报警或举报。大部分的大学生遇到疑似诈骗的事件时，通常选择隐瞒不报，在被诈骗后也通常忍气吞声。导致检举率低的主要原因有：损失金额较小而选择沉默；认为报案程序复杂，流程较多，立案麻烦；认为报案有损面子；报案后拿回被诈骗的财产概率较小等。同时学生缺乏法律知识，不会用法律武器保护自己。与骗子交流时不知道留存证据，对于骗子提出的各种要求一一照做，完全不知道有些操作明显不符合法律程序，被骗子牵着鼻子走，甚至最终骗子的行为都可能被“合法化”。学生法律意识的淡薄会增加办案难度，从而降低破案率。

(三)信息意识不强，个人信息遭泄露

《中国反电信网络诈骗蓝皮书》指出，多数人的信息安全保护意识和行为未形成良好的习惯，极大地增加了个人信息泄漏的风险。参与调查的大学生中有38.28%因为连接不明免费WiFi而泄露信息，35.15%因扫描不明二维码，26.67%因与网友聊天泄露过多个人信息，65.45%因丢弃快递包裹前未撕下快递单，46.67%因点击不明链接，还有23.03%为其他方式，从而给个人信息安全保护带来隐患。个人信息意识不强，个人信息泄露让诈骗分子有了可乘之机。

(四)法律规范、行政处罚不够完善

第一，法律法规虽然规定了诈骗公私财务的价值和数额，但是远远不足以对电信诈骗分子进行约束，司法解释针对电信诈骗行为查处难、

取证难，并且往往很难查清实际诈骗数额。第二，犯罪群体的知识水平趋高以及犯罪形式更加多样化、现代化。高学历犯罪分子能够掌握一般犯罪分子所不能拥有的知识，所创设的诈骗情境、定制的脚本也更加高端难以识破，而对设备的操作也由一人一端扩展到了一人多端，诈骗效率在成倍上涨。法律法规、行政规范应随着犯罪群体和犯罪形式的改变不断完善。

三、防诈骗的有效措施

(一)从大学生自身角度

1. 守住自我防线，加强防范

针对如何有效防范诈骗频发，93.33%的参与者表示应加强自我防范，警惕陌生信息，在遇到陌生信息，抑或非官方渠道的“官方信息”时，大学生群体应该持有怀疑的态度，需要辨认、确定真伪后才能相信。对于陌生的号码和信息，有87.88%的参与者认为下载国家反诈App可以较好地拦截诈骗信息。90.3%的参与者认为做好个人信息保密至关重要，在日常生活中要注意微信、QQ号、电话、身份证、银行卡号等重要信息的保护。不随意在不明链接、表格上填写信息，不随意扫描不明二维码。

2. 识别诈骗案件，拒绝“天上馅饼”

许多的诈骗以小利益作为诱饵吸引大学生群体。以中奖、返现、奖赏为借口的诈骗正是抓住了学生群体单纯、易被利益诱惑的特点。在调查问卷中，84.24%的参与者称了解诈骗案件是预防诈骗的有效手段，87.88%的参与者认为不贪小便宜是从自身出发的预防方式。能够识别“馅饼”背后的诈骗手段，自身做到不贪图小便宜是阻断诈骗的最直接手段。

(二)从学校层面

1. 针对防诈骗主题开展讲座

从“何种方式能有效预防大学生受诈骗”的调查问卷中可以看到，有72.12%的参与者赞同学校开设防诈骗讲座这一方式。开展讲座可以快捷、有效地向大学生群体普及防诈骗知识，相比于发放宣传资料，讲座形式可以更好地输出防诈知识。同时，开展讲座可以结合现场活动促使大学生融入到反诈骗宣传中来。高校也可以设置“反诈骗宣传周”，通过情景剧、知识问答、演讲、辩论赛、海报评比等形式营造反诈的氛围。

2. 加强思政课程的法律意识宣传

高校思想政治理论课是培养当代大学生思想意识的主阵地，有培育社会主义合格接班人的责任与使命。高校思政工作者必须承担起防范教育的责任与使命，增强大学生自身的防范意识。高校教师在思想道德与法治的课程中，应结合案例让法治思想深入学生心中，使其学会用法律武器来维护自身的权益。

(三)从社会、国家层面

1. 构建全方位的防诈骗社会支持系统

调查问卷结果显示，当大学生群体遇到疑似诈骗行为时，只有5.45%的大学生选择和别人商量一下。由此可见，大学生群体更多地是选择自己解决和面对。究其原因，一方面是防诈骗意识不够强，缺少敏感性；另一方面也是害怕受到社会群体如家长、老师、同学的嘲笑和“教育”，而在受到诈骗之后也同样存在这样的问题。比起金钱损失，大学生遭受诈骗之后更难接受和自洽的是自责、父母的责备、他人的嘲讽以及对自身的否定。为此，需要团结各方力量构建更完善的防控电信诈骗的社会支持系统，为大学生的心理健康发展扫平障碍。社会主体应该承担起主体责任，在关注大学生人身、财产安全的同时，更要关注大学生的心理健康状态。社会应营造良好的社会氛围，一方面，鼓励大学生积极举报诈骗行为；另一方面，通报诈骗案件时应保护好被诈骗人的信息安全，不可透露如学校、专业、班级等过多信息，班主任在教育提醒时也要照顾好学生的情绪。

2. 新闻媒体报道宣传揭发

调查结果显示，有67.27%的参与者认为新闻媒体报道宣传是良好的反诈渠道，通过具有较大传播力和影响力的方式可以让大家知晓更多的反诈骗方式。对于常用互联网的大学生群体来说，以多媒体的形式结合网络热点进行防诈宣传，可以较快地让新型诈骗方式暴露于明处，这样大学生群体在遇到诈骗时可从容面对，果断拒绝。

3. 完善法律法规，加强监管力度

调查问卷中，有73.94%的参与者表示加强法律法规、完善相关行业规范是预防诈骗的重要措施，应该让法律法规与诈骗更具有相适性。例如，在对《民法典》进行修订的过程中，立法者应当考虑到电信诈骗犯罪对社会所造成的恶劣影响，对人格权的内容进行补充和完善，落实好公民个人信息保护工作。有72.12%的参与者表示政府部门加强监管力度是改善诈骗频发现象的有效措施。政府部门应对各部门加强监管，同时各监管部门也应协同运作，加强公安机关与银行、电信行业的相互配合。

四、结语

大学生应关注诈骗信息，了解易受诈骗的原因，学习防诈骗知识。防诈骗需要各方的努力，不仅需要自身的防范，也需要学校、社会、国家的共同努力，只有做到全民反诈，才能收获全民无诈。

◎ 参考文献

[1]王梦月，任海波．信息时代背景下电信诈骗的防控对策——以河南省大学生防骗为中心[J]．法制博览，2019(18)：37-38，41.

[2]张欢．培养大学生对电信诈骗风险防范意识的策略研究[J]．法制博览，2022(19)：163-165.

[3]陈红敏，黄雪梅，陈华．大学生防范电信诈骗的思想引导和心理培育路径[J]．青少年学刊，2022(1)：18-22，44.

[4]帕如克·库尔班江．当代大学生面对电信诈骗的困境与出路[J]．法制博览，2022(8)：142-144.

[5]程学桢，陈燕琼，王盼，李海明．大学生群体与新模式网络诈骗调查研究——以H校为例[J]．中国防伪报道，2022(2)：74-78.

[6]毛万艺．大学生新型网络诈骗风险防范路径探究——基于高校思想政治教育视角[J]．现代交际，2021(4)：25-27.

[7]刘强．大数据时代下大学生电信诈骗成因及预防措施研究——以南宁理工学院为例[J]．广西质量监督导报，2021(6)：248-249.

[8]颜志宏，陈远爱，刘诗艺．大学生被电信网络诈骗类型、原因以及对策研究[J]．法制博览，2021(23)：129-130.

实践感想篇

“筑爱康复”实践感想

阿尔伯塔学院　王浩天

一、前言

“全面建成小康社会，残疾人一个也不能少。”党中央、国务院高度重视残疾人事业发展，“十三五”时期，残疾人事业取得重大成就。710 万农村建档立卡贫困残疾人脱贫，城乡新增 180. 8 万残疾人就业，1076. 8 万困难残疾人被纳入最低生活保障范围，残疾儿童少年接受义务教育的比例达到 95%，5 万多残疾学生进入高等院校学习。城乡无障碍环境明显改善，关爱帮助残疾人的社会氛围日益浓厚……越来越多的残疾人更加勇敢地面对生活的挑战，更加坚强地为梦想而奋斗，为经济社会发展做出了重要贡献。我国在国际残疾人事务中的影响力显著提升。这些重大成就，有效改善了残疾人生活，有力推动了社会文明进步，成为全面建成小康社会的重要方面，彰显了中国共产党领导和中国特色社会主义制度的显著优势。

我国有 8500 多万残疾人。残障人士作为社会的一份子，需要得到来自社会的尊重、宽容与关怀。为了深入调研温州市残障人士现状与残障人士社会保障机构——“残疾人之家”现状，积极响应《“十四五”残疾人保障和发展规划》，更好满足残障人士日益增长的美好生活需要，温州医科大学阿尔伯塔学院“筑爱康复”实践团开展了为期 2 周的社会实践。

二、实践历程

1. 整装待发

2022年6月29日晚，我们前往龙湾区温州市残疾人综合服务中心，入住温州市康复医院，在这里，我们将开展为期2周的社会实践。康复医院因用于新冠肺炎疫情定点医院搁置已久，我们简单整理了医院分配给我们的两间大病房，铺上睡袋，席地而睡，养精蓄锐，为第二天的实践活动作好准备。

2. 初见“榕树下”

6月30日清晨，龙湾“青苗”残疾人之家的负责人麻玉娇老师为我们介绍了温州市残疾人现状、温州市残障人士保障机制、残障人士的需求，以及与残障人士交流的注意事项和本次社会实践的目的；温州医科大学附属第二医院康复科程博老师为我们详细讲解了康复评定的 Barthel 指数和 Brunnstrom 功能评定量表，详细阐述了运动功能评定的常用方法，此番介绍也拓宽了我们的医学知识，为我们之后的随访提供了理论基础。

14：00，我跟随前往“榕树下”残疾人之家(以下简称“榕树下”)。“榕树下”地点十分偏僻，一行人误打误撞，走走停停，时不时问问路人，联系到“榕树下”负责人“冰冰姐”之后，在她的指引之下，我们顺利到达“榕树下”。走进“榕树下”，一种略带潮湿、古旧气息的窒闷感扑面而来；“庇护者”(残障人士尊重称谓术语)在工位上从事着一些五金零件手工活，以达到“工疗”的目的，并以此补贴一些生活开销。见这么多新鲜面孔，一位年近40岁的大叔走到门口，与我们亲切问候，却被负责人“赶回”工位。但是，大多数残障人士都是怯生生的，也许是第一次面对这么多人(据负责人介绍，该残疾人之家对志愿者的需求较大)，显得有些紧张。落了灰的健身房、紧凑且床位有限的卧室、拥挤的厨房餐桌……简单参观之后，残疾人之家在我心中的最初印象是这样一些形容词——破旧、压抑、昏暗。临行前，我们亲自上手体会了这些手工活，看着叔叔阿姨们黑黢黢的双手，大家心里不免有一些犯怵。了解到“榕树下”缺乏专业医生检查、定期心理咨询和志愿者服务的现状之后，我们开始思考我院“白求恩志愿者服务社”与之合作的相关事项。

3.“海滨”之遇

7月1日走访的“海滨”残疾人之家与先前的“榕树下”相比，条件十分优越。我们有幸与他们共同完成党旗制作活动，也让我结识了一位大姐，据她讲述，她的两个孩子出生之后，大姐不幸遭受意外，失去了左侧肢体运动功能。大家帮着大姐完成手工活，与她唠着家长里短。她也把大家视作自己的“弟弟妹妹”。她很羡慕我们医学生的身份，并鼓励大家珍惜时光、好好学习、恋爱，将来做一位好医生。谈及自身残疾，大姐显得有些悲观消极。大姐读过大学，有一双儿女，有自己的创业梦想，也曾想过开一家服装店。她本应享受着天伦之乐，却在花一样的年纪遭受残疾。“这个社会不需要我们这些人，我们是被社会抛弃的人”“没有什么志愿者来看我们，我们无人问津”“我很怕那些(残疾)人突然晕倒在我面前”，这些话道出了姐姐的无奈与心酸。实践团成员随即安慰大姐，告诉大姐她有一个幸福的家庭，生活还是充满阳光的……“世界以痛吻我，我必以歌报之。”临行前，我院“白求恩志愿者服务社”承诺会与“海滨”残疾人之家开展更多后续合作，并将陆续为他们送来大学生志愿者，参与到助残志愿的实践中去。

4. 梦想都开花

7月2日，我们着手准备温州康复特教中心听障儿童的送教活动与毕业典礼节目策划。我们最终选定了“神曲”《孤勇者》、幼儿舞蹈《两只老虎爱跳舞》和魔术串烧，希望带给这群小朋友们一些简单纯粹的快乐。

7月3日一早，康复特教中心的老师就来给我们培训，以便我们以更专业的姿态面对这群小朋友。老师反复强调“这些小朋友其实很聪明的”“他们很需要鼓励”。

通过老师的介绍和我们的实际走访，我们了解到“星星”(化名)目前5岁，就读于中班。最初，医生在常规筛查中发现刚出生的星星罹患听障；出生后3个月、6个月、9个月复查确诊星星因听神经损伤，导致先天性耳聋；星星还患有脑瘫。星星的母亲那个时候一直不解：“这个孩子生得这么标致，皮肤又白，又听话，为什么老天要开这个玩笑？为什么会有如此之大的缺陷？”无奈助听器疗效甚微，后于单侧耳植入人工耳蜗。

皇天不负有心人，经父母长期陪伴、悉心照料和康复中心的精心康复指导，小朋友在同龄残障儿童中的恢复效果领先，可以逐渐说出5个、10个、15个字……

前年疫情寒假期间，星星母亲辞去工作。疫情之后，母亲从鹿城搬到龙湾，全职在家照顾小朋友，闲暇时，与星星的奶奶一同做一些小手工活，以补贴家用。母亲的陪伴使星星迅速进步。在这期间，母亲教会了星星识字、学成语(并且理解一些成语的意思)、数字、发音……星星的康复效果十分优异。如今，星星已经可以独立背出许多古诗，积累了1200余个识字量，其智力水平远远超出同龄健康孩子。

星星是一个活泼好动的男孩子，十分外向，有礼貌。如妈妈所述：“整个幼儿园都认识他，各个领导都认识他！”因此，我们的走访送教过程十分顺利。

下午，我们如约来到星星家中，星星在家中同姐姐嬉戏玩耍。到家后，妈妈招呼星星来和我们问候，随后我们去三楼卧室开始我们的“小课堂”。我们先和小朋友聊着他喜欢的颜色、食物，以及午饭。确认星星的人工耳蜗正常工作之后，我们拿出事先准备好的彩泥，让星星挑出了他最喜欢的黄色、黑色、白色。星星母亲告诉我们，星星的精细手工活做得不是特别好，运动协调能力有待提升。我们便从事先确定好的游戏中选出了找规律的游戏(利用彩泥搓成球，按照颜色规律排列，难度随颜色种类增加而增加)。出乎意料的是，星星完成得很好，超出了我们的预期。

随后，我们让星星给"杯子"填满蓝色的"水"，由此介绍"纸杯电话"。星星的认知能力很强，见识也比同龄孩子广，他一下就认出"纸杯电话"。我们做完纸杯电话后，又依次完成了拼图、捏螃蟹、写火警号码、数数等任务。星星的出色表现让我们不禁感叹。我们信守课前的承诺，在大家的努力下，我们完成了"戈德拉"怪兽的制作，星星很开心。美中不足的是，星星的注意力容易分散，在"课堂"中时常分心，相信这些问题会被母亲的耐心与温柔解决。星星的故事让我们看到了母亲的伟大。从星星妈妈的叙述中，我们了解到先天性耳聋的诊断与治疗过程，我们感受到医疗体系发展之迅猛。然而，许多患儿因为未能及时植入人工耳蜗，而错过了最佳治疗时间，早发现早治疗有利于听障儿童的康复治疗和融入社会。

同时，我们深感家人陪伴、教育对于听障儿童意义重大。如星星妈妈在毕业典礼上所述："如果当初在星星 9 个月的时候，我们直接放弃他，他的未来会怎样？尚且不说未来，他的当下又会如何？"联想到星星在毕业典礼上的出色表现，和他如今与健全儿童几乎无异的沟通能力，我们不得不为这样坚强乐观的家庭致以我们最崇高的敬意。

7 月 4 日上午我们进班助教，下午我们以笑容与泪水结束了与这群可爱小朋友们的幼儿园旅程，他们将步入小学，以后的生活不会一帆风顺，他们还要迎接更多生活中的挑战。

5."青苗"——温馨与时代感并存

7 月 5 日下午，我们如约来到"青苗"残疾人之家(以下简称"青苗")。龙湾区状元街道"青苗"残疾人之家为浙江省残联公布的 2021 年度五星级"残疾人之家"，成为全市唯一上榜机构。"青苗"残疾人之家成立于 2016 年 12 月，是 2022 年杭州亚残运会残疾人事业展示点。秉着"有礼、有爱、有尊严，有教、有学、有成长"的服务理念，"青苗"主动对接社会资源，打造长效志愿助残服务机制，呵护残疾学员成长。同时还成立了"益创工坊"，致力于为服务对象提供生活能力训练、职业技能培训、就业创业指导与推荐等服务，全面提升服务对象的社会适应能力，辅助掌握就业基本技能。不仅如此，“青苗”残疾人之家还有一大特色项目——青苗学院，主要开展音乐、美术、英语课堂，支持服务对象个人爱好，发掘特长，丰富精神文化生活。

刚到“青苗”，我猛地想起麻玉娇老师是“青苗”的负责人，她给我们上的第一课犹萦绕在我耳边，我很好奇，是什么让“青苗”脱颖而出。但显然，论规模，论高级设备，都不足以让它被评为“五星”。我们一路参观着健身房，用手摸器材，发现没有落灰；“庇护人”们有序地套着子弹铅笔；走过工疗室，他们朝我们看看笑笑——这种氛围是在先前几家机构没有感受到的。

再上一层楼，我们一行人诧异于墙上挂的素描、书法、油画作品，身体健全之人尚不能轻易达到如此水平，更何况他们都有生理缺陷。展柜里一排排手工艺品令我们大受震撼。工作人员向我们介绍麻老师先前培训课里的“青喵小铺”，机构人员轮流经营小铺，大家可以在每周规定时间到这里用积分兑换这些日用品。“青喵小铺”的建立源于残障人士对麻老师提出“想开一家小超市”的小小心愿。

在手工室里，一位大哥在缝制手提包。大叔患有精神疾病，生理静息状况下于此进行工疗，这些活动有利于他身体的恢复。同时，心理工作室的设立，“青苗”与医院的长期合作，医生、心理咨询师的定期来访，都为“庇护者”的身心健康保驾护航。

“青苗”顶楼有心愿红布条，上面写满了来访者的心愿与对“庇护者”的祝福，一路看过去，我们感受到了无尽的温暖。随后，麻老师与我们分享了自己从事这份光荣职业的初衷，指出了当前工作的困难——如何提高社会关注度，引发了大家的深思。

但无论如何，“青苗”的温馨、整洁的环境与细致入微的设计都给我们留下了深刻印象，至此，我对“残疾人之家”彻底改观了。

6. 再见“榕树下”

初次走访“榕树下”的经历，让小组成员们感受到一丝压抑和无趣。但是这次回访过程十分温馨，临行前的约定与些许依依不舍的情景令人许久难忘。活动前一晚，小组成员提前为“榕树下”残疾人之家的“庇护者”们筹划准备了书画材料、食材，并精心备课，希望能够治愈这些叔叔阿姨们，让他们平淡乏味的生活增添一丝乐趣。我们为叔叔阿姨们准备了各式各样的音乐，从红歌《在灿烂阳光下》，到周杰伦的新曲《最伟大的作品》，我和辅导员“恬然姐”领着舞步，与大家一同载歌载舞。

大家从动作僵硬到积极回应，脸上逐渐由僵硬转向笑容，快乐如此简单纯粹。楼同学精通绘画，教学员们完成汽车简笔画，并练习写出自己的名字，以锻炼肢体协调性，每位实践团队成员都与相应学员结对，指导叔叔阿姨们完成作品。楼同学将每一步细化，一笔一画教授着画画的技巧。这些线条看似简单，但是对于一些智力障碍者，还是极为困难的。看着一些叔叔阿姨从胡乱创作，到能根据指导和临摹画出线条来，志愿者们感到十分欣慰。画作完成后，楼同学为“学员”们评分。简单的“五角星”“对钩”“100分”“A^+”都能使叔叔阿姨们开心许久。送教活动就这样一步步从些许尴尬，到呈现一个洋溢着满足与喜悦的状态，大家相处得很好。

临近饭点，我们开始一同准备晚饭。大家精心为“学员”们准备了“西红柿炒鸡蛋”和“土豆豆角焖肉”。菜肴虽然简单，但是在短时间内让大家都参与进去，并且顺利完成，还是有难度的。一些志愿者负责陪着叔叔阿姨们洗菜、洗锅、洗盆，一些陪着淘米、打蛋，抑或剪豆角、切配。做饭，这件温馨且富有家庭感的活动，拉近了彼此心与心的距离。大家互相夸赞着刀工、熟练度，互相帮助叔叔阿姨找到获得感(被需要的感觉)。这种完成工作的满足感，能够极大地激励一个人。在准备食材的过程中，叔叔阿姨也逐渐打开心扉，与我们唠着家长里短：“我在家里也经常干这个”“这个我会做”“我来帮你做这个”……我们真切感受着这些“学员”们的真诚与热情。我也相信，他们此刻是快乐的。

起锅热油并倒入番茄，撒上食盐后，黄阿姨拿起铲子，麻利地翻炒着西红柿，大家纷纷赞叹……做完菜后，我们盛起来共同分享着劳动的成果。叔叔阿姨争先恐后拿着筷子夹起鸡蛋、西红柿往嘴里送。当志愿者同学们品尝另一份时，恬然老师加入叔叔阿姨中，与他们一同分享着快乐，我想，那个时候，他们的距离，是这一周以来最亲近的一次吧。

“有时会治愈，常常是帮助，总是去安慰。”如我校优秀毕业生黄君婷学姐之前分享时所说，志愿活动是有意义的。设身处地地为他人着想，这绝对不是作秀。如何去评定社会实践的价值完全在于我们，在于我们是否去脚踏实地做着我们用心思考筹划的事情，在于我们是否有信念去改变这个世界，让这个世界变得更好，让人们感觉到世界上还是有温暖的。

活动结束之后，大家接收到来自叔叔阿姨，来自冰冰姐(机构负责人)的一致好评。出乎意料的是，原先腼腆的黄阿姨、一直不配合大家的张阿姨，一遍又一遍地，主动与我握手，向我表达感谢。那一刻，我才真正感觉到工作的意义，所有的辛苦都是甜的。

三、问题思考

1. 听障早筛查

2021 年 3 月 2 日，世卫组织发布的《世界听力报告》显示，目前全球五分之一的人听力受损，听力损失影响全球超过 15 亿人。到 2050 年，残疾性听损人数可能会增长到 7 亿以上。听力残疾占我国残疾比重的 1/3 以上，居各类残疾首位。据相关研究，早期发现听力障碍在预防聋哑和语言发育障碍中有举足轻重的作用。在现有条件下先天性耳聋尚不能避免，但只要耳聋在语言学习的关键期之前被发现，“聋而不哑”是完全可以避免的。

然而，人工耳蜗或植入式助听器价格不菲。全国人大代表、湖南郴州市第一人民医院院长雷冬竹介绍：“耳聋主要分为先天性耳聋和后天性耳聋，不管是先天性耳聋的婴幼儿、学龄前儿童，还是语后聋患者，都可以植入助听器或人工耳蜗，但是费用均比较高，助听器(0. 25 万~3 万元/台)、人工耳蜗(6 万~30 万元/台)，均未纳入医保。”作为事关众多听障人士的民生大事，需要社会各界努力，共同守护听障儿童的未来。

2. 父母的教育对听障儿童的重要性

教养期望通常是指父母对子女未来的生活和前途产生的期待。在特殊儿童家庭里，父母的教养期望非常重要，它决定着父母对特殊儿童的接纳和关注、投入和支持的程度，以及养育方式和教育决定等，从而影响着听障儿童身心各方面的发展。

在我们为"星星"送教的过程中，不难发现母亲坚定相信"星星"与同龄孩子并无差异，甚至更加"聪明"。我们也认识到母亲对孩子付出之无私，母爱之伟大。"星星"的良好预后离不开父母的陪伴与教育期望。听障儿童父母注重父母教养效能感的提升建立积极的亲子关系，加强亲子信任；重视融合环境的建设对于听障儿童的身心健康发展意义重大。

3. 残障人士就业保障

残疾人的就业情况不容乐观，当前残疾人的就业率只是非残疾人的一半左右，平均工资也只有非残疾人的一半；残疾人的就业质量也很差，大多从事的是工作环境差、技术含量低、工资水平低的次级工作。目前政策对残疾人的支持更多是提供职业介绍服务和低层次的培训，不是着力于改善障碍人士面临的社会环境。

我们在走访调研过程中与"大学生"大姐结识，了解到她的创业需求；看到了残障人士简陋的工疗环境、重复性工作内容；看到了一些诸如"青喵小铺"创新就业平台的设计。这些无不提示着我们：残障人士就业问题亟待解决。政府需要着力保障残障人士就业，改善保障政策；社会企业有责任承担起关爱弱势群体的义务，我们呼吁企业平等对待残障人士，让残障人士得以尽其所能，发挥出其最大社会价值。

4. 残障机构与高校志愿者组织合作模式

走访过程中，许多机构负责人反映大学生志愿者稀缺，残障人士缺乏社会关注等实际问题。我们反思高校志愿服务模式的不足，与学院负责人协商，建议学院“白求恩志愿者服务社”与市内一些“残疾人之家”开展更深入、广泛的合作，并致信中国残联张海迪主席，结合团队调研报告，提出建议，动员大学生投身到助残爱残的志愿者事业中来。

5. 残疾人的称谓术语

语言具有符号意义，体现了话语保障，恰当的语言使用可引入新的价值观和社会态度。在中国台湾地区，1980 年颁布的残障福利规定用“残障”一词替代了“残废”；1997 年又用“身心障碍者”替代“残障”，现在台湾地区普遍使用“身心障碍者”一词。反观我国，1988 年“中国残疾人联合会”正式成立，“残疾”一词取代“残废”成为政策和学术界等正式场合的主流术语。然而，残疾隐含着“残缺”和“疾病”之意，30 多年来“残疾”这一体现缺陷和疾病模式的语词占据主导，也主宰着我国福利政策理念和服务取向。对残障理解的嬗变映射出社会的价值、文化、权利和公正，也体现出社会政策的理念与取向，以及福利服务的内容与方式。

麻玉娇老师在讲座中强调应避免用“残疾”之类的字眼。在一些“残疾人之家”的宣传栏中，我们可以看到“庇护者”之类的字眼，我们不禁思考这样的称谓是否更能尊重、保护残障人士。

四、结束语

残疾人事业是中国特色社会主义事业的重要组成部分，扶残助残是社会文明进步的重要标志。习近平总书记强调，“残疾人事业一定要继续推动”，要“促进残疾人全面发展和共同富裕”。在全面建设社会主义现代化国家的新征程中，绝不能让残疾人掉队。“十四五”时期，要继续加快发展残疾人事业，团结带领残疾人和全国人民一道，积极投身全面建设社会主义现代化国家的伟大实践，共建共享更加幸福美好的生活。

“青年一代有理想有本领有担当，国家就有前途，民族就有希望。”社会实践已然结束，但是此次实践对我们的指导意义远不止如此。实践中，我们不断感悟、反思，并且提出新的问题。这些问题的提出都蕴含着提升社会残障人士生活水平的可能性。切实解决残障者的民生问题，我们每个新时代青年都责无旁贷。作为医学生，我们更应该心系祖国，怀一颗仁心，关心社会民生，本着求真务实的态度，落实这些问题，为构建人类命运共同体贡献自己的力量。

◎ 参考文献

[1]沈晓明．我国开展新生儿听力筛查的意义[J]．临床儿科杂志，2001(2)：67.

[2]刘胜林．听觉障碍儿童的家庭应对和以家庭为中心的早期干预[J]．中国特殊教育，2010(1)：19-24.

[3]陈丽如．教导身心障碍的学生自我决策技能[J]．特殊教育季刊，2008(107)：1-8.

[4]Luckner J L，Velaski A. Healthy families of children who are deaf[J]. American Annals of the Deaf，2004，149(4)：324-336.

[5]阳泽，陈明英．听障儿童父母教养效能感与教养期望的关系：对儿童自主信任的中介作用[J]．中国特殊教育，2017(3)：53-58.

[6]廖慧卿，罗观翠．基于残障概念模式的残疾人就业政策目标评价[J]．华中科技大学学报(社会科学版)，2012，26(2)：104-113.

[7]华红琴．论残障儿童家庭支持性福利政策与服务体系建设[J]．社会建设，2015，2(2)：24-35.

[8]徐龙飞．龙湾青苗“残疾人之家”获省五星[N]．温州日报，2022-05-18(002).

[9]翟倩．关爱残障人，从转变观念做起[N]．中国社会报，2022-03-02(003).

[10]孔天骄，王艾冰．降不下来的人工耳蜗费用[N]．健康时报，2022-03-29(003).

十天社会实践有感

公共卫生与管理学院　陈力恺

习总书记说：“社会是个大课堂。青年要成长为国家栋梁之材，既要读万卷书，也要行万里路。”实践才能出真知，青年学子不仅要学习理论知识，同时也要积极投身社会实践，这有利于大学生们增进对社会的了解与情感认同、增长才干和培养社会责任感。越来越多的大学生开始重视社会实践并看到其对未来求职的重大作用。

很有幸能够在这个暑假加入我校文成珊溪实践团进行社会实践。我们离开了久居而熟悉的校园，来到了文成这片于我们而言比较陌生的地方，定居在珊溪中学的我们以此为基地开启了各式各样的实践工作。

作为后勤部的一员，采购物资和账单记录成为我的一项重要任务。同时作为整个团队的一员，探访党员和退伍军人家庭、参观刘英纪念馆、支教、调研、手势舞拍摄、共同富裕宣传等活动都有我的参与，从最开始的方向感和定位感不强到后来尽心尽力为团队付出，我收获的是一种全新的生活、工作方式。

全中国现已有接近一亿的中共党员，比很多国家的人口都要多，但谁曾想1950年初期，我国党员数量仅为现在党员数量的二十分之一，这离不开一代一代党员全心全意为人民服务，也离不开曾经保家卫国、在军队里做出贡献、抛头颅洒热血的退役军人们，因而老党员和退役军人们都是极其值得敬重的。我们此行拜访了几个当地村落中党龄有50年之久的老党员和光荣退役的军人。在这之中，我影响尤深的是一位实际党龄将近70年的已有85岁高龄的老奶奶，和1970年代入伍并入党的老兵。前者见到我们顿时喜笑颜开，急忙拿出凳子要大家坐下，纵然语言有些不通，但我们通过当地书记的翻译与老太太展开了缓慢而深入的交流，她向我们讲述了自己为何祖籍地在平阳而如今定居于文成、自己因砍柴而英年早逝的丈夫、子女目前的情况。现如今她的生活简单而质朴，身边有小儿子照看。在聊天过程中，她一直保持着微笑，身上的那种纯真与质朴深深地感染了我们，在离去前我们甚至开心地在老太太家里唱起了歌！而后者展现的则是另一种生活轨迹，老兵退伍后生活非常艰苦，与祖籍地在四川的老婆相依为命，而后经过两人的奋斗及党和国家的支持，他们现在也拥有了20万元的存款，能够过上无忧无虑的生活，子女也都很有成就、家庭美满，经常回来看望他们。聊天结束后，我们通过给他们拍摄婚纱照来弥补曾经因为生活艰苦而不曾有的美好记忆。

刘英作为著名的革命烈士，其精神和事迹值得我们所有人学习，因此在文成珊溪当地建起刘英纪念馆以纪念其于1942年5月18日在金华永康方岩的牺牲。在参观完刘英纪念馆后，我们深刻认识到青年人要立大志，并付诸行动。刘英为了实现解放全中国的伟大夙愿，不惜以命相搏，最终肉体虽殒，但精神长存，这样的死难道不是比泰山还重吗？

支教可以使我们用自己精心准备的课程给予接受的基本都是学校应试教育的初中生们不一样的课程类型和一些必要知识的普及。经过大家共同的努力，我们创建了党史、精神卫生、正念冥想、画画、八卦、音乐、反邪教等种类的课程。备课虽免不了抓耳挠腮之苦，但上课时同学们绽放的笑容以及课后师生积极的互动交流也让我们享受到了赠人玫瑰之乐。

共同富裕是社会主义的本质要求和特征，共同富裕是指全体人民通过辛勤劳动和相互帮助最终达到丰衣足食的生活水平。习总书记强调："实现共同富裕不仅是经济问题，而且是关系党的执政基础的重大政治问题。"本次活动的一大主题就是"助力共同富裕"，为此我们针对共同富裕，结合红色旅游对当地居民展开调研，我们发现当地多数家庭虽已摆脱扶贫线，但离摆脱国际社会的贫困标准仍然有不小差距。尤其是作为红色旅游地之一的坦岐村，因为村中绝大部分为老人，因此经济活力并不高。好在有红色旅游的帮助，带动了村里的经济发展和文化礼堂的建设，进而通过精神文明建设和文化资源普惠进一步带动经济的发展。

毛主席曾说："没有调查就没有发言权。"为了进一步深化了解当地村民生活情况及红色旅游产业对当地的发展影响，我们走访了一些村民，并请求他们填写相关问卷，内容包括家庭年收入、收入主要来源、支出主要方面、村民认为可增收的方式、对红色旅游的了解、红色旅游对当地经济发展的影响……经过调研我们发现，家庭年收入在两万左右或以下的不在少数，尤其在几乎没有年轻人居住的坦岐村表现得尤为明显。但是红色旅游已经开始影响到居民的收入了，且效果也是正向的。同时，有一部分家庭已将对孩子的主要支出分配到教育上，非常重视对孩子的教育，这也成了脱贫的一大主力点。有研究表明，教育是农村地区脱贫的一种重要而有效的方式，是促进共同富裕的有力手段。经过实地调研，我们发现实现共同富裕的道路仍然任重而道远，但是在党的带领下，其激发出的潜力，让我们对未来文成的发展充满期待。

乡村振兴战略背景下发展乡村特色产业非常有必要。而针对文成非常有潜力的酿酒产业及珊溪水库建设，我们拍摄了以"共同富裕说"为主题的宣传片来让更多的人对文成的优质特色产业有所了解，尽我们的一点绵薄之力来助力当地产业发展，尽快实现共同富裕。

我们实践团还主动开展了手势舞的拍摄，经过几个昼夜的练习与拍摄，终于在大家的努力下，手势舞视频终于重磅出炉。

十天时间，说不上长，亦谈不上短。初尝不觉甜，回味只觉甘。经过十天的磨砺，大家深化了对社会的认识，对自己的未来有了更加明确的目标，同时大家也收获了非凡的友谊。非常感谢一路走来，能有大家相伴！相互携手，完成此次社会实践的目标。

◎ 参考文献

[1]陈玲．高职院校社会实践调查报告——以 L 高校为例[J]．湖北开放职

业学院学报，2020，33(18)：55-57.
[2]曾诗健．培育大学生社会主义核心价值观情感认同——从社会实践教学角度[J]．现代商贸工业，2022，43(19)：232-233.
[3]温暖．文成珊溪革命历史纪念馆(刘英纪念馆)感受革命者的英勇智慧和坚定浪漫[J]．温州人，2021(7)：72-75.
[4]张梦雪，漆心雨．大学生支教扶贫现状调查[J]．合作经济与科技，2022(12)：165-169.
[5]顾海良．共同富裕是社会主义的本质要求[J]．红旗文稿，2021(20)：4-11.
[6]杨宜勇，王明姬．更高水平的共同富裕的标准及实现路径[J]．人民论坛，2021(23)：72-74.
[7]张来明，李建伟．促进共同富裕的内涵、战略目标与政策措施[J]．改革，2021(9)：16-33.
[8]徐卫华．调研及其政治话语的兴起：1930—1942——以毛泽东的调研文本与实践为中心[J]．中国延安干部学院学报，2014，7(5)：78-93.
[9]彭妮娅，李永明．教育促进城乡共同富裕的作用[J]．教育评论，2022(7)：22-28.
[10]张玥．乡村振兴战略背景下的乡村特色产业发展研究[J]．特区经济，2021(4)：120-122.

平阳坑镇调研报告

第一临床医学院　蒋一平

在新农村建设和全球老龄化的背景下，农村居住人口目前以老人和儿童为主。为了解农村老人和儿童的基本情况，温州医科大学“医路向阳 筑梦青春”暑期社会实践团在温州瑞安市平阳坑镇开展调研。团队发现农村老人多数为留守老人，大部分老人患有高血压、高血糖等慢性疾病，特别是部分区域的老人集中患有骨质增生，大部分老人还表示当地卫生所的治疗水平和提供的药物十分有限。儿童方面，团队了解到当地教育水平相对低下，教育资源不足。另外，电子产品对儿童学业、道德的影响令人担忧。团队认为应联合政府、社会、家庭等多方力量，分别针对以上情况提出相应对策，以实际行动改善他们的生活状况，助力乡村振兴。

一、研究背景

(一)农村地区儿童和留守老人的群体特征

社会主义新农村建设在中国大地上如火如荼地进行着，随着许多新农村建设改造工作的完成，农村的面貌发生了翻天覆地的变化，但不可否认，仍然存在一些因素制约着我国社会主义新农村的建设。

首当其冲的就是劳力缺失问题。现在农村的经济模式大多数是：留守老人和儿童在家，年轻人出外打工，而且越有文化的年轻人，越是选择留在外面。众所周知，现有的农村经济发展状况还不足以提供足够多的岗位来满足年轻劳动力的就业需求，农村现有的经济发展模式也不足以让年轻一代在农业上有很大的发展空间，因此很多年轻人选择外出工作。这也就造成了恶性循环，越来越多的年轻人外出务工，越来越多的老人和儿童留守在家。

同时，发展不平衡不充分的问题在农村地区尤为突出，农村社会事业发展缓慢，在教育、公共卫生体系建设、公共环境、公共文化资源、农村社会福利等方面都显著不足，城乡差距不断扩大。

1. 农村儿童

与城市儿童相比，农村儿童在教育、公共文化等方面享有的资源显著不足。

(1)教育资源不足，城乡差距越来越大。农村教育基础依然薄弱，中小学师资队伍数量不足、办学条件差、留守学生多等问题十分普遍。教育资源在乡镇与城市间仍存在极为严重的分配不均现象，教育资源更集中于城市，特别是大城市，城市儿童"近水楼台先得月"，而农村儿童想要得到更多的教育资源只能努力"挤"进大城市，但无疑极为艰难。

不仅仅是教育资源分配不均，经济实力、家长对儿童所受教育的重视程度、成长环境都极大影响了农村儿童能获得的教育资源。经济实力上，城乡之间的家庭收入仍有不小差距，对儿童的教育投资不同，也决定了成绩的不同。城市儿童的父母受教育程度较好，大多数是独生子女，又举全家之力供养孩子的教育和成长。农村则相反，父母多为打工者，大多育有二胎、三胎，自然顾不上每个孩子的学习成绩。

(2)公共文化资源不足，儿童沉迷虚拟网络。农村公共文化资源十分短缺，不少地方文化活动场所和设施破旧残损、年久失修，无文化活动场所、无文化活动设施、无文化活动内容的现象普遍存在。这也导致农村儿童缺少课外活动场所，难以利用多余的课外活动时间来进一步提高自己。

相反，为了避免单调枯燥的课外生活，他们将娱乐方式定位于操作便捷、内容丰富的手机上，尤其是近几年，短视频行业迅速发展，又因其通俗易懂、泛娱乐化的特点，迅速吸引住儿童的注意力。儿童缺乏足够的自制力和正确的价值观，容易过度沉迷、盲目跟风、价值观扭曲，甚至做出伤害自己和别人的事。

2. 农村留守老人

农村留守老人可定义为拥有农村户口并常住在农村地区的、子女及其伴侣因故(包括学习、工作或定居)在外半年以上，独居或与亲属共同居住的60周岁以上老年人。随着农村年轻人进城务工，我国部分农村地区“空巢化”现象严重。

(1)农村留守老人养老服务的困境。农村留守老人存在经济供养水平差、生活质量差、缺乏精神关爱的现状。

目前，我国农村留守老人经济收入主要靠子女援助、劳动所得和基础养老金所得，但收入仍极为有限。一是子女援助有限，他们大多从事着收入不高的工作或经商活动，加之自身养家糊口开销大，给予父辈的经济支持难免会少；二是留守老人劳动所得微薄，他们大多从事体力劳动，但毕竟已上年岁，收入微薄，且越来越少；三是基础养老金不高，仅百来元。三者叠加，只得勉强维系日常生活。

在传统观念中，留守老人期望老有所养，但是生活照料主体的缺失，严重影响了老人的生活质量。而社会服务机构，如养老院等，由于受传统观念的影响，老人大多十分抗拒，不愿入住养老院。

此外，子女和父母的联系沟通减少，父母的孤独感、无助感等负面心理情绪会加重，从而影响他们的身体健康。有研究发现，与非留守老人相比，留守老人的身心健康状况均明显劣于同地区农村非留守老人及全国老年人，女性、高龄、独居、丧偶、文化水平低、经济收入低以及社会支持水平低的农村留守老人心理健康与生命质量状况更差。

(2)农村留守老人看病难、治病难问题。在农村，“因病致贫、因病返贫”的现象时有发生，留守老人由于年事已高，各项身体机能下降，再加上长期辛苦劳作，留守老人患病率普遍较高。

农村当地卫生院医疗水平不高，若老人患了重病，只能前往大医院就医。而他们的子女长期在外务工，难以照料其生活起居，也无法送老人及时就医，往往小病拖成大病，最终无药可治，为时已晚。虽然现在有了新农合医疗，但是在大病面前其补贴标准并不高。

（二）平阳坑镇的基本情况

平阳坑镇户籍人口1.8万，常住人口却只有0.8万，其中留守老人占所有老年人的90%，留在原籍的青壮年不多，走在街上，大多只能看到老年人坐在家门口的身影。

平阳坑镇学校是平阳坑镇中学和平阳坑镇中心小学合并而成的，属全市农村初级中学，现有20个教学班，学生800多人。2022年招生计划显示，一年级招收一个班，40名学生；七年级招收一个班，45名学生。从平阳坑镇学校学生口中得知，小学每个年级只有两个班，每个班级只有20名左右学生。由此可见，平阳坑镇儿童数量少，青壮年及青少年人口流失严重。

（三）新农保体制对农村老年人口养老问题的影响

1. 新农保

新农保即新型农村社会养老保险，主要指的是农村合作医疗保险和农村养老保险，其养老金包含社会统筹与个人账户，个人缴费、集体补助、政府补贴三部分共同构成了其资金来源。新农保参保范围相对广泛，而且农户可以自主选择缴费档次，多缴多得，地方政府也对农户缴费进行相应补贴。缴满15年的老年人在年满60周岁后便可以按月领取养老金，缴纳时间不足的允许补缴。

2. 农村养老保障体制尚不健全

养老保险存在保障水平低、范围小、覆盖面窄的问题，并且，由于补贴额不高且受到传统思想观念等因素的影响，新农保并没有达到全覆盖的水平。

此外，缺少明确的法律保障体系、规章制度不完善、经办程序不完整、相关制度衔接不顺利、宣传工作不到位，都是制约新农保切实惠及全体农村老人的重要因素。

(四)中国农村儿童保障政策逐步完善

1. 确保基本生活保障

农村居民最低生活保障制度是保障贫困儿童基本生活的基础性制度安排。政府投入力度加大，受保障贫困儿童规模增加，受保障水平逐年提升，儿童基本生活得到保障。

此外，我国实施了贫困地区儿童营养改善计划，不仅促进了儿童膳食营养，还在一定程度上改变了山区儿童不良饮食行为和习惯。

2. 重视农村儿童教育问题

“两免一补”政策与教育救助政策互相配合，减轻了贫困家庭的教育负担，农村儿童义务教育入学率得到较大提高。“两免一补”政策，即免除农村义务教育阶段学生的学费与教科书费(两免)，并向农村义务教育阶段贫困家庭寄宿学生提供生活补贴(一补)。这些政策极大地减轻了农村贫困家庭的教育负担，全国贫困地区农村儿童入学率得到显著提升。

义务教育注重保障性别均衡，农村女童的教育得到政策关注，入学率大幅提升，男女童拥有公平的入学机会。

3. 切实关注儿童医疗问题

实施新型农村合作医疗制度保障了农村地区儿童获得基本医疗卫生服务的权利，患大病、特殊病种、艾滋病等特殊儿童群体均得到相应的救助与保障，既保障了儿童健康，又减轻了家庭在儿童医疗方面的负担。

二、研学历程

为了探究农村地区儿童和留守老人的生活状态和国家相应保障政策落实情况，“医路向阳 筑梦青春”团队来到瑞安市平阳坑镇进行实地调研。

(一)对平阳坑镇儿童的调研

团队采用举办暑期夏令营的形式，为平阳坑镇孩子们的暑假增添趣味性，在玩乐的同时学习知识、增长见闻。在上课和游戏之余，团队开展儿童心理访谈，以沙盘游戏的形式，探究儿童内心世界；在闲谈之中，了解他们的现状与需求。

夏令营时间为 7 月 1 日至 10 日，课程安排以科普为主，包括传统文化、安全知识、医学科普等，穿插心理访谈，了解他们的家庭情况、学校生活、日常娱乐，倾听他们的烦恼与需求，分享他们的喜悦与快乐。

在夏令营结束前，团队选取部分儿童进行家访，从父母口中了解孩子的日常生活情况，探听孩子的渴望。

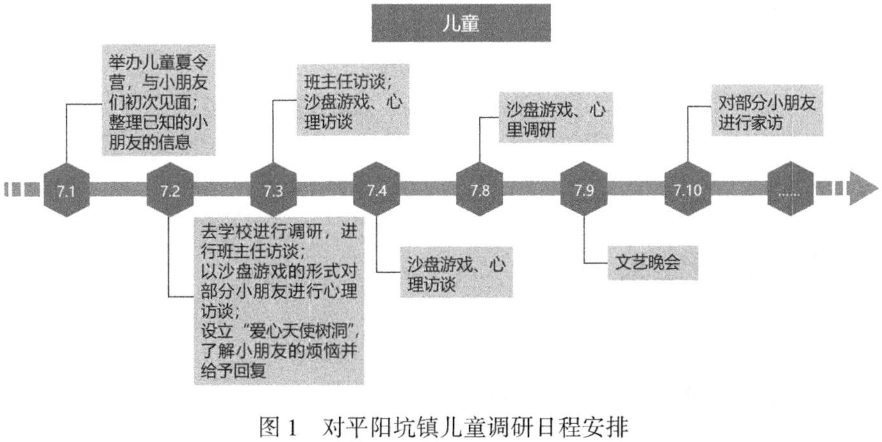

图 1　对平阳坑镇儿童调研日程安排

(二)对平阳坑镇留守老人的调研

团队将调研与入户义诊和定点义诊结合，在为老人们义诊的同时，以闲聊的形式，了解老人们的身体状况、所享有的社会保障、当地医疗情况等。活动时间为：

7 月 2—7 日：在东源村、养老院、塔石、行坑村以及周边地区进行走访调研。

7 月 3 日：党建活动中心定点义诊。

7 月 4 日：义工站定点义诊。

7 月 5 日：养老院、义工站定点义诊。

7 月 8 日：党建活动中心定点义诊。

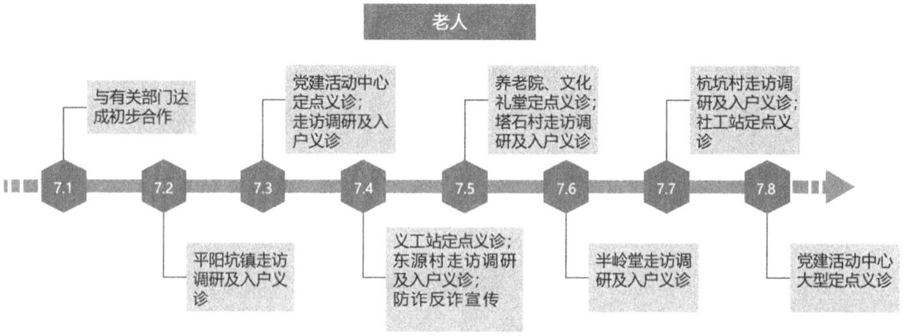

图 2　对平阳坑镇留守老人调研日程安排

三、调研结果

(一)有关老人的调研结果

在调研过程中，团队于义诊过程中同老人进行交谈，对老人的基本情况进行了解和记录，共收集到数据 334 份，并按照老人的年龄段分类整理，根据收集到的数据进行分析，从而对平阳坑镇老人的身体健康和心理健康做出评估，并得出能够提高老人身体素质和有效缓解老人心理健康问题的办法。

因此，团队将调研结果分为了四个部分，分别是留守老人的既往病史、生活习惯、人际关系以及当地的医疗情况。

1. 留守老人的既往病史

由义诊过程中收集到的数据可知，平阳坑镇64.67%的留守老人有身体不适症状，基本为老年人群中较为常见的疾病，如高血糖及其并发症、高血脂、高血压，心脏问题，以及骨质增生等。部分患有高血糖、高血压的老人常常只在血糖或血压高于正常值时才会服用药物进行控制，并未听从医嘱长时间服用药物(表1)。

少部分老人患有或者曾经患有较为严重的疾病，比如癌症、子宫肌瘤等，由于及时前往三甲医院进行手术，加之配合药物治疗，身体目前处于较为良好的状态。

平阳坑镇老人对自己身体健康状况十分关注，3.21%的老人会在家中自备血压仪，对自己的血压进行实时监测，但老人对自己的血糖不太关注，原因有以下两点：一是从未测过血糖；二是认为测血糖需要用针刺破指尖取血，较为疼痛。

表1　各年龄段老人及高血糖、高血压占比

年龄段(岁)	占比(%)	高血压占比(%)	高血糖占比(%)
60及以下	10.58	36.37	24.24
61~70	31.73	52.53	29.30
71~80	33.33	54.81	18.27
81~90	23.44	48.08	16.36
90以上	21.88	0	0

总结：(1)平阳坑镇的留守老人占多数，整体身体状况较为良好，“三高”群体人数较多。(2)留守老人对自己身体健康十分重视，但是对于老年病的相关知识欠缺，需要进行普及。

2. 留守老人的生活习惯

其一，老人的饮食习惯。平阳坑镇大部分老人的生活习惯相当有规律，通常在每日早晨六点至七点之间起床，起床后便吃早餐。食物以面食为主，平时的饮食也是较为清淡和偏向素食的，极个别(5 名)老人偏爱食用咸菜、咸鱼等重油重盐的食物。

其二，老人的锻炼情况。平阳坑镇 89.82%的老人不会刻意进行体育锻炼，他们锻炼身体的形式以农活和散步为主，锻炼的频率大多不高，8.99%的老人由于先天或后天造成的腿脚不方便，从来不锻炼。从老人们的样貌神态可直观地看出，有锻炼习惯的老人看上去会比实际年龄年轻，身体也更加健康。

其三，老人的烟酒习惯。平阳坑镇老人在抽烟喝酒上存在着明显的性别差异：女性极少有抽烟喝酒的情况；男性抽烟喝酒的人数则较多，每人每天大约能抽半包香烟，并且有饮酒的习惯，部分老人声称自己能喝一两多的白酒。女性对于抽烟喝酒多处于抵触状态，男性则对抽烟喝酒这一生活习惯较为接受。

总结：(1)平阳坑镇老人出于对自己身体健康的关心，生活习惯良好。(2)男性普遍有抽烟的习惯。(3)与此同时，老人们缺乏锻炼，需要提高他们的锻炼意识，并提供一些合适的锻炼器材。

3. 留守老人的人际关系

其一，老人与子女的关系。根据调研结果，平阳坑镇 90%的老人属于留守老人，58.08%的老人子女在瑞安市区或者塘下镇务工，6.59%的老人子女前往杭州、宁波等城市务工，省外务工地多为四川以及江苏南京。多数子女每年回家探望老人 1~2 次，且多在春节及其他节假日期间，偶尔也会因为要回乡办事在父母家中小住几天，与父母之间的联系以电话为主。团队详细采访了其中的一位老人(图3)。

Q：阿婆，你平时就自己一个人住吗？子女会回来看你们吗？↵
A：我儿子儿媳都在瑞安塘下，平时有事情会回来住一两天，孙子有的时候也会回来看我的，我孙子在瑞安读书。↵
Q：那大概多久回来一次呢？↵
A：春节和寒暑假会回来。↵
Q：为什么不搬去和他们住呢？↵
A：他们平时很忙，没有时间，我去那里又一个人都不认识，没什么意思。↵

图3　与老人的对话

其二，老人的邻里关系。老人们的社交活动范围多局限在邻里之间，常常三五成群地聚集在某一位老人家中，社交形式多为聊天、看电视，绝大多数老人邻里关系十分融洽，这一部分老人的心态和身体健康状况都比较好。反之，几位邻里关系相对冷淡的老人，则较为郁郁寡欢，精神状态也比较疲惫，待人接物方面更加冷漠，防备心更强。

总结：(1)总体上看平阳坑镇老人与子女关系不错，但是老人时常会因为思念子女而感到内心空虚，与子女同住时难以产生归属感。(2)老人与邻里关系较为良好。(3)老人的心理健康对身体健康有着至关重要的影响，需要想办法缓解老人的心理疾病。

4. 当地医疗情况

其一，平阳坑镇的医疗设施。平阳坑镇唯一的医疗场所为当地的卫生所，仅能治疗一些基础疾病，比如感冒发烧，较为严重的疾病由于设备与人才的匮乏无法医治，患病老人只能前往较远的、医疗水平更高的医院。这也导致留守老人由于难以及时就医，治疗不得不被耽搁，病情加重恶化。而部分老人担心自己成为子女的负担或者认为治疗没有效果，选择放弃治疗。卫生所能够提供的药物也十分有限，一些基本的治疗高血压、高血糖的药物只能去县城的医院或药房购买。

其二，平阳坑镇的体检安排。多数老人表示，政府会安排统一体检，但是由于仪器有限，体检不够全面，难以检查出身体异常，加之腿脚不便，导致部分老人体检意愿低。在开展调研活动之前，政府刚刚组织过体检活动。对于体检的安排频率众说纷纭，73.65%的老人称体检频率为1~2次/年。

其三，平阳坑镇政府保障老人身体健康采取的措施。平阳坑镇政府对老人们的健康状况非常关注，会每月安排医生对重病老人进行上门检查，同时在常规检查中根据高血压的程度进行分级监测。但是医生的人数十分有限，能力参差不齐，仅能诊断一些常见疾病，医疗资源处于供需失衡的状态。

此外，在医疗保险方面普及情况较好，超过九成的老人有农村医疗保险，但是多数老人只有这一种保险。部分老人表示自己虽然有保险，但是购药时并未取得相应的优惠(表2)。

表2　各年龄段老人有保险人数占比

年龄段(岁)	保险占比(%)
60及以下	50.00
61~70	75.56
71~80	78.43
81~90	29.09
90以上	0

总结：(1)平阳坑镇医疗设备、人才十分短缺，需要尽快补足这一缺口。(2)平阳坑镇卫生院药物储备严重不足。(3)体检普及情况良好，但是体检不够全面。(4)农村医疗保险虽然普及程度较高，仍旧没有惠及大部分老人。(5)镇政府对老人身体健康十分关心，但工作难免疏忽，仍有需要改进的部分。

(二)有关儿童的调研结果

在此次社会实践活动中，团队与26名儿童真诚相处，同时对其中9名儿童进行一对一的心理辅导活动，从学业、人际关系、心理健康等方面进行调研，得出以下结论。

1. 学业问题

其一，作业与考试。为了解孩子们的作业情况，我们与其中一些孩子进行了交流，具体情况见图4。

L：然后呢，我还看了其他小朋友的那个烦恼纸条，他们差不多每个人都说了，你们学校老师布置作业很多，那你感觉怎么样。↵
XR：很多，有时候布置十几个。做不完要再去学校乘以两倍。↵
L：就比如说礼拜一到礼拜五的作业，你大概要做到几点才能做完呢？就是按你平时自己的速度。↵
XR：如果比较少的话一般来说就是差不多九点多。↵
L：就是一放学就开始做，还是吃完晚饭做。↵
XR：我都是在老师的补习班那里做的。↵
L：就是老师组织的还是学校组织的？
XR：是妈妈给我报的。
L：那你们有音乐美术体育课什么的吗？↵
XR：有些，老师都会抢的，抢课。
L：比如说数学老师把体育课抢了，就是这种情况吗？↵
XR：对，是。

图4　与孩子一对一开展心理调研访谈

收集到孩子们的烦恼纸条后，团队发现几乎每个孩子都写了“作业多”“考试压力大”的情况，不仅存在“罚抄”“罚默”的情况，在期末复习阶段老师也布置了大量的试卷。部分孩子反映考试存在排名情况，假期会根据孩子平时的上课积分布置相应的作业量。

其二，教育资源问题。学校存在主课老师同时是副课老师的情况，多个孩子提到老师占课，相较于素质教育，农村老师更注重课堂教育，对孩子思想品德和正确价值观的引导存在不足。在我们与小朋友进行一对一的心理调研中，五年级的孩子大都表示存在“禁足”的现象，即不及格(85分以下)或没达到要求，下课就不能离开自己的位置，且不能与同学交流。平阳坑镇小学存在老师数量不足、忽视素质教育等问题。

团队了解到有一些孩子来自留守或半留守家庭，父母长时间不在身边，由爷爷、奶奶或外公、外婆或其他亲戚监护，他们必然会缺失来自父母的关心和必要的监督。即使父母在身边，父母的文化水平大都也无法给孩子提供良好的家庭教育，因此农村父母在孩子的教育上十分依赖学校，忽视家庭对孩子教育的影响。还有部分家长不信任学校及老师，拒绝配合学校教育工作，对孩子的学习漠不关心。监护人的无力、父母的缺席、家庭教育的缺失，成为农村儿童教育资源不足的主要因素。

其三，学习态度。我们发现，农村孩子普遍存在纪律意识较弱、学习动机较弱、注意力缺失等现象，即使部分孩子有较强的学习动力，这个动力也主要来自家庭或学校的压力。由于监护人的知识文化水平不高，对孩子的学习关注也只停留在表面的成绩，无法对他们的学习加以正确的指导。此外，部分家长过分重视成绩，导致一些孩子存在过强的竞争心理，形成成绩至上的观念。

2. 人际关系

其一，家长与孩子关系。实践团上课的孩子中有四对兄弟姐妹，其他几个孩子也有各自的弟弟或妹妹，在聊天中团队发现农村父母往往忽视头胎的心理感受，导致部分孩子出现讨厌父母、仇视二胎的情况。但总体来看父母和孩子的关系较为融洽，少数孩子反映家中父母关系不和，经常吵架。

其二，老师与孩子关系。通过与一些老师的交流、询问，我们了解到现在的孩子比较早熟，不好教，一些老师对此有心无力。

孩子却因老师教学质量一般、喜欢占课、体罚等原因讨厌老师，甚至产生厌学的情绪。

其三，孩子与孩子关系。在调查中我们发现多个孩子喜欢“卷”，注重写作业的速度也注重成绩，存在成绩决定朋友的情况(成绩好的和成绩好的玩)。同时班里小团体居多，大多数孩子并不认为自己有要好的朋友，但大都在班里都有讨厌的同学。

3. 心理健康

其一，校园欺凌。校园欺凌是一种在学龄儿童中发生的、违背他人意愿的攻击行为，这种行为会在一段时间内反复发生或有反复发生的可能性。我们在孩子写的成长手册中发现存在高年级学生欺负低年级学生的情况后，询问了孩子相关情况，发现的确存在成绩好的学生仗着老师的偏爱欺压成绩差的学生，这种欺压不仅体现在口头言语的侮辱，也体现在行为暴力上。而即使欺凌者被教育或是惩罚后仍会一犯再犯、有恃无恐。

其二，道德问题。我们在调查中发现孩子存在同理心缺失、道德观念不完善的问题，如某同学由于母亲去世而悲痛不已，但其他同学不但不理解这种痛苦，甚至一些同学抱着幸灾乐祸的态度。

其三，攀比成风。我们在调查中发现多个孩子喜欢“卷”，并抱着“卷死别人”的心态进行学习，不仅在意彼此的成绩高低，也在意平时写作业的速度。同时，由于现在网络的发达以及孩子接触手机的频率陡增，孩子甚至有了自己的快手账号，相互之间攀比粉丝数，粉丝多者沾沾自喜，津津乐道。

其四，其他。在游戏、上课发言过程中，我们也发现现在的孩子缺乏集体荣誉感、挫折教育以及缺少对内在精神的关注。

4. 电子产品问题

当我们询问孩子空闲时都做些什么时，几乎所有孩子都回答玩手机游戏、刷短视频等，在日常交流中，他们的网络流行用语使用频繁，网络段子模仿层出不穷，甚至有孩子把一些游戏中的暴力因子带入日常学习中。

有比较早熟的孩子已经申请了快手账号，并在上面发一些自己玩游戏的视频，很在意自己的粉丝数量，甚至把自己伪装成大人进行网聊。

深陷于网络多元化的信息和多样化的价值观，农村儿童无法对有害信息做出及时的判断，对现实的认知产生了偏差，存在盲目自信或过分自卑的情况(图 5)。

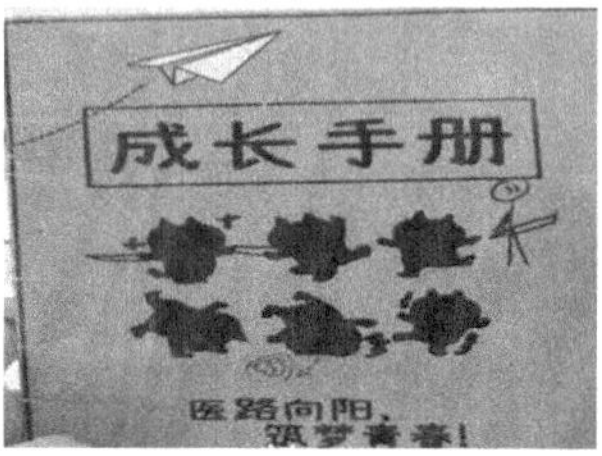

图 5　成长手册封面上体现的暴力因子

四、对策与展望

(一)老人方面的对策及建议

1. 建立家庭情况数据库

团队在调研后发现老人多有慢性病等情况，建议当地政府建立家庭情况数据库并定期更新，详细了解老人的家庭成员情况、身体状况、家庭经济状况等，弄清楚老人面临的困境以便提供帮助。

重要性：关爱老人既是中华民族的传统美德，也是人类进步的前提，只有思想纯正了社会才能健康地发展。建立家庭情况数据库，便于政府工作人员更好地开展工作，关爱老人。从老人的角度出发，助推美丽乡村建设，让老人快乐幸福的乡村才是合格的美丽乡村。

2. 落实定期体检制度，加强医生素质

团队调研后发现乡村老人体检意识不强，多数老人常年不进行体检，当地卫生院在部分村落会进行义诊，但是时间并不固定，常常有老人错过免费的检测机会。建议卫生院固定义诊的时间，积极进行宣传，使更多老人能得到检测，并为本地医生提供交流和培训的机会；鼓励医卫人才下基层，从而提高医生的整体素质。

重要性：鉴于老人普遍患有慢性病的情况，定期体检有利于老人了解自己的身体情况，从而尽早进行治疗，降低累积成疾的可能性，提升老人们的幸福指数，助推美丽乡村建设。医疗卫生人才是基层医疗卫生机构开展一切医疗卫生服务的首要前提，提升医生素质、引导人才下基层可以解决基础医疗人才紧缺的问题，同时可以完善农村医疗体系建设，加强医疗实力。

3. 加强基础医疗服务

调研发现乡村卫生院的基础医疗设施不完善，B 超机、心电图机、半自动生化仪等设备缺失，导致许多身体检查不能完成。基础医疗设施的加强势在必行，方便老人在“家门口”全面地检查身体，进行治疗。同时需要优化乡村基层药品配置，保障医疗药品供应。对于部分需求量较大的急用药品，如抗生素类、抗病毒类、降高血压类、止咳化痰类及普适性药物如感冒、肠胃、防感染类药物，实行国家定价，降低药品的价格，让广大农民享受更多的实惠。

重要性：党的十九大报告提出实施乡村振兴战略。从横向来看，乡村振兴是一个全面的振兴，既包括社会、经济、文化的振兴，也包括医疗卫生的振兴。加强基础医疗设施建设，可以使整体医疗服务环境得到极大的改善，切实保障人民群众身体健康，满足人民群众的就医需求。优化乡村基础药品配置，能让乡村百姓看得起病、治得起病。

4. 请三甲、三乙医院的医生义诊并举办健康讲座

三甲、三乙医生拥有更加丰富的会诊经验，专业能力强，为乡村百姓信赖。团队从以上几点出发，建议地区三甲、三乙医院安排人员定期下乡义诊，为村民检查身体。同时团队调研发现，乡村中一些老年人仍有错误的医疗保健观念，需要医生们开展健康讲座宣传正确的养生知识。

重要性：医生下乡义诊能让基层农民享受到省城一流的医疗服务；开展健康讲座，能让人们了解正确的养生知识从而更好地保护身体，为提高基层医疗服务水平尽一份力。

5. 倡导子女多回家关照老人，带领老人适应现代生活

由于子女长期不在身边，家庭养老的基础受到动摇，使留守老人在生活照料和精神慰藉等方面缺乏应有的保障，如何提高农村留守老人的养老质量成为一个值得高度关注的社会现实问题。团队在此呼吁子女们多回来看看老人，多关注老人的身体心理状况，不给自己的人生留有遗憾，也可以帮助老人掌握智能手机运用的基本技能，适应智能数字生活，让老人享受智能化生活带来的福利，让沟通“0”距离。

重要性：子女的关心可以有效解决老人由于身体健康状况不佳、经济观念滞后、生活缺少照料和关心等所表现出的孤独、恐惧、空虚等心理问题，给予老人更好的生活体验。让老人在数字化时代学会智能手机运用的基本技能，适应现代生活能很大程度上解决老人的心理问题。关注老人的心理健康，帮助老年人提升和改善心理品质和心理状态，是国家和社会的责任和使命，也是我们每个公民的责任和义务。

(二)儿童方面的对策及建议

1. 请优秀老师以帮扶的形式给学生上课，提升乡村教师教学质量

一是相关机构可以出台优秀教师帮扶农村地区学生的奖励政策，学校

可以此为基础邀请其他地区优秀老师入乡进村，同时购进现代化教具，搭建全新线上平台，实现线上线下全方位教学，进一步激发学生学习潜能，为孩子学习之路赋能。二是学校与学校之间，安排乡村老师进修，互相借鉴，取长补短，让交流成为常态，借合作实现共赢。

重要性：老师作为学生知识领域的传授者和思想领域的引领者，在学生的成长道路上发挥着举足轻重的作用。而当下面临的地区资源不平均分布的现状导致农村优秀教师资源的缺乏，薪资奖金、发展前景、社会认可度等的不平衡制约着优秀教师支持农村建设的奔赴之路。

2. 严格杜绝校园霸凌现象

一是完善监控布局，推进校园及周边地区公共安全视频监控系统全覆盖，发挥监控系统的警示防范作用，实现对青少年违法犯罪活动的预测预警、实时监控、轨迹追踪及动态管控。二是老师应进一步加深对校园霸凌的认识。多关注班级内孩子的人际关系，不能因为年纪小便把所有可能伤害孩子的行为全部归结为“小孩子打闹”。三是学校可以统一举行“拒绝校园霸凌”主题系列活动，通过公开课、案例分析等方式让孩子了解什么属于校园霸凌以及正确解决途径，强调面对霸凌时要勇敢说“不”。学校可以设立相关机构，给儿童提供正确面对并解决校园霸凌的渠道，如开设心理信箱、心理热线，心理咨询师。

重要性：《加强中小学生欺凌综合治理方案》明确了学生欺凌的判定标准、预防措施、惩戒措施、各部门和学校具体职责分工等，建立了培训、考评、问责处理、依法治理等长效机制。校园霸凌作为在学校发生的欺凌事件，是孩子成长道路上的一个潜在毒瘤。在21世纪，校园霸凌更需要增加社会关注度，为孩子创建一个健康安全的成长环境。

3. 落实思想道德教育和心理健康教育，树立正确导向，关爱儿童心理健康

一是校内加大对思想道德教育的重视程度，相应课程由专门的老师来

教授，确保每周思想品德课程的时长和质量，可以在特定的时间开展如“雷锋日”等大型活动，带领孩子追溯历史，感悟前人高尚精神。二是校外提升家庭素质教育，完善关爱服务体系，健全救助保护机制，加强全社会对孩子心理健康的重视。团队调查后发现农村中的多数家长由于受到学历、认知等限制，在如何正确教育引导孩子方面存在困惑，针对此现象，可以请儿童教育相关专家对家长在家庭中的教育方法进行指导。三是相关机构还可开设热线电话，为孩子不愿向身边人吐露的烦恼、碰到的问题提供“树洞”，并提出合理建议，科学引领孩子度过青春“迷茫期”。

重要性：2012 年我国首份《留守儿童健康人格报告》在“全国留守儿童健康人格研讨会”上发布，报告显示我国农村留守儿童人格缺陷问题突出，主要表现在学习焦虑、与人沟通处世敏感、易冲动等方面。留守儿童由于长期得不到父母的陪伴，隔代监护人思想观念又常常与时代脱节，重养不重教、重物质轻精神，无法与当代孩子建立起畅通无阻的“沟通桥梁”，孩子的性格容易变得暴躁。很多留守儿童打架斗殴等暴力事件频出。2015 年国家颁布的《国家贫困地区儿童发展规划(2014—2020 年)》明确指明，要加强对留守儿童的心理辅导，加强班主任和专业教师心理健康教育能力建设。

4. 家校应加强交流，控制农村儿童的电子产品使用频率

一是学校和家庭应增进联系，及时对孩子的状态及变化进行反映，班主任应适当增加家访频率，并将其落到实处。二是在学校加大对孩子手机的管控力度，严禁将手机带入学校。建议学校对孩子监护人进行宣传，在家里除了严格控制孩子接触电子产品的时间，还应注重孩子的兴趣培养，发展孩子的个性和独特性，转移孩子的注意力，让孩子自觉适度保持与电子产品之间的距离。

重要性：美国儿科学会(AAP)认为，视屏时间过多可影响儿童语言、睡眠、执行功能和认知功能的发育及干扰亲子关系的建立等，可见电子产品的过度使用对儿童的危害之大。在这个科技日新月异的时代，电子产品

的广泛应用已是大势所趋。抖音等短视频更是抓住了儿童的心理需求，受众群体越来越呈现低龄化趋势。短视频走火已成必然，但其包含的内容则良莠不齐，恶搞、低俗段子等不良内容频频出现在大众视野，儿童正处于价值观形成期，对外界事物还没有足够的辨别能力，这个时候接收到什么样的外界信息将直接决定他未来会形成什么样的价值观。农村留守儿童群体因缺乏父母看管引导，更容易被网络上的不良内容所影响，从而误入歧途。加强家校交流，完善家校联合监督机制刻不容缓。

5. 农村开展素质教育活动

在建设社会主义新农村的大背景下，基层党组织要大力发挥引领作用，始终与群众站在一起，倾听老百姓心声，凝聚百姓力量。新农村的建设依赖于产业的发展，经济效益的提高，杨垚在《资中县新农村建设中的新型职业农民素质提升问题研究》中认为农民的综合素质涵盖了科学文化素质、生产经营素质、思想政治素质等多方面内容，这些素质共同构成了新型职业农民的综合素质。大力发展新型农业需要技术型农民作为主体，政府应大力开展技术培训，培养农民新思维、新技能，提升思想文化水平。加强农村基层的制度建设以及农村法制建设，培养农民法治思维，健全法治观念。不断缩小城市与农村经济发展差距，才能在实现共同富裕的道路上稳步迈进。

重要性：严雪文在《我国新农村建设中农民思想道德素质存在的问题及对策研究》中表示我国农民思想道德素质普遍存在以下问题：集体主义观念有所淡化，精神文化生活单调，道德失范现象存在，封建迷信思想有所抬头，法治意识淡薄。建设新农村，引领新风尚，指的是不仅改善农民的生活质量，更要提高农民的内在素质，改善农民一切不良风气，多倡导进行积极向上的文娱活动，因地制宜发展集体产业，引导加强集体主义价值观，让农民也拥有正确的人生价值观，道德观、法治观。心中有坚定的社会主义理想信念，脚下的路才会越走越宽，这样的农村才有发展的希望。

学院暑期社会实践活动有感

药学院　宋李心儿

社会实践活动是一个提升个人综合素质以及实操能力的一个很好的机会，还可以培养青年一代的社会责任感，社会实践活动也是加速学生社会化进程的重要途径，其综合性、社会参与性、开放性、协同合作性带来的成长对于大部分学生来说都是不可多得的，因此，在学院将组织社会实践报名信息发送给同学们的时候，我毫不犹豫地递交了自己的报名表。我不想错过这个机会。经过初筛和面试环节，我很荣幸自己被留下成为“肤生健康梦，青春接力行”实践团队调研组的一名成员。

自打走进温医大的大门，我便了解到药学院以李校堃院士——也就是我们的校长——为首的“肤生工程”的队伍。“肤生工程”是李校堃院士发起的公益慈善项目，以生长因子等科研成果应用于患者创面修复。李校堃是中国工程院院士，30 多年来专注于以纤维细胞生长因子(FGFs)为代表的基因工程蛋白药物的理论创新、新药开发和人才培养，牵头组建我国首个基因工程药物国家工程研究中心。李校堃院士指出：“肤生工程”将以中国温州模式的创面修复成果，提高患者的生活品质，降低医疗费用，减轻患者的负担，这对于国家推进健康扶贫目标具有重要意义。作为药学院的一员，我一直对肤生工程有着强烈的好奇心，不仅加入了学院开展的有关肤生活动的志愿者组织，也在每每经过生物科研楼时心中油然而生羡慕和自我勉励之情。如今我能有机会加入“肤生”暑期社会实践的队伍，是何其的幸运！

一、什么是难愈性创面

难愈性创面通常是指由各种原因形成的创面经规范治疗超过 4 周仍未愈合，或无愈合倾向，包括创伤性溃疡、糖尿病溃疡、压疮、下肢静脉溃疡、放射性溃疡等。

二、难愈性创面现状

随着我国工业化和老龄化的发展，有越来越多的人因为机械伤害或缺少关注度受到了难愈性创面的损害，压疮、下肢静脉性溃疡和糖尿病是最常见的 3 种慢性创面，占慢性创面的 70.0%左右，其中以老年患者居多。因此关于难愈性创面的研究也越来越深入，在近些年也开始了跨学科的研究。

三、慢性创面的治疗方法

慢性创面的治疗方法主要有：

封闭负压引流技术（VAC）：VAC 是指将连接特制真空负压泵的引流管置于创面，并用纱布或聚亚胺酯海绵包裹，然后用透明贴膜封闭创面，利用负压环境进行治疗。

干细胞治疗技术：干细胞有多向分化的作用，可以分化出多种细胞，并分泌生长因子。

组织工程技术：组织工程技术是指将活组织中分离的功能细胞进行体外培养扩增，搭载于支架材料后，移植到损伤部位，最后形成所需要的组织或器官。

基因治疗技术：基因治疗技术是将有治疗作用的基因通过基因导入技

术引入创伤部位，通过产生因子达到治疗效果。

高压氧疗：氧气是创面愈合成功的先决条件，如细胞增殖、炎症反应、血管生成和胶原合成等过程均必须有氧气的参与。

四、调研成果

在此次社会实践中我们还在医院进行了随机的调研。

参与调研问卷填写者共计 136 人。男女比例为 1 ∶ 1，城乡比例为 1 ∶ 1。其中 72% 为浙江人。66.91% 的调研者年龄处于 19～31 岁之间，11.03%的调研者年龄处于 31～40 岁之间。61.03%的调研者学历是大专/本科及以上，21.32%的调研者学历是高中/中专。

根据问卷调查结果，大部分人对难愈性创面给予较低的关注，对于难愈性创面问题和相关帮扶机构都不太了解。据统计，全球约 1%的人口被持续性的创面问题所困扰，约 5%的医疗费用花费在创面修复上。相对于压疮、放射性溃疡、下肢静脉溃疡等具有专业名词的难愈性创面，大部分受访者对此较为陌生，但对烧烫伤、术后创口不愈合导致的创面有所了解。对于难愈性创面患者，大家普遍认为他们会遭遇经济问题、治疗手段、家庭负担等方面的困扰，对于部分难愈性创面患者无法治愈的原因也归结为患者对相关知识的匮乏、经济负担大、无有效治疗药物、医疗体系不够完善、山村贫困地区患者缺乏医疗保障等五个方面。难愈性创面帮扶机构应该从经济支持、治疗手段、后期护理、心理关怀等方面对患者给予帮助。对于个人及身边人，受访者表示身边几乎没有难愈性创面患者，自身仅有皮肤干燥、偶尔瘙痒等不严重的皮肤问题，对日常生活几乎没有什么影响，出现皮肤问题后也会积极向医生寻求帮助，但是采取的措施对皮肤状态有所改善的人群只占 46.32%，且大部分人不愿意花费大量金钱在皮肤问题上。对于难愈性创面问题的建议，一部分受访者表示，应该拓宽普及范围和增强了解程度，另一部分受访者表示要投入更多的科研力量，提高医疗水平，给予患者更多医疗保障和出台有效措施。

五、感想与心得

我第一次接触到难愈性创面患者时，是和医生一起进病房给病人换药。第一眼见到病人的时候，我感觉到他好瘦，蜷缩着腿躺在床上，努力抬起头看向门口，我也从医生口中得知他是一个脑瘫患者。换药开始了，医生揭开他的尿不湿，掀开血布，伤口被暴露出来的一刹那我的心像是被揪住了。我看过图片，想象过现实中伤口的样子，可在那像一个洞一样的伤口完完全全展露在眼前时还是感到触目惊心，一片片肉的纹理，血管、经络映入眼前，我难以想象带着这样的伤口怎么能够生活下去。医生用钳子夹着浸满碘伏的棉布直接在伤口上进行消毒擦拭，接着便开始剪去坏死的经脉，病人紧紧抓着护士的手，腿也蜷缩着、抖动着，我问医生不可以使用麻药吗，医生说对这一片区域没有太大作用，病人只能够忍受这巨大的疼痛。护士告诉我们，这个病房的都是福利院里的人，没有人管，换药的病人不仅患有脑瘫，还是个聋哑人，房间里还有两个小孩，他们时不时发出哼哼唧唧的声音，我问他们是不是哪里不舒服，但他们始终没有开口，我猜测或许他们也没有语言表达能力。走出病房外，我感到非常难过，这个病人的伤是压疮，因为自己丧失了自理能力，又缺少看管和照料，在病床上久而久之就导致了难以挽回的压疮症状，有多少人知道这些病人的存在，有多少人对难愈性创面有所了解，又有多少人愿意给予这些人帮助。

经过这次近距离接触，我更加深刻地感知到肤生工程的意义所在，普通的志愿者队伍和肤生支援团队有着很大的差别，这些深受肤生所害的病人是难以在普通的志愿服务中真正得到帮助的，想要帮助到他们，我们需要将其更大范围地予以宣扬传播，让更多深受其痛苦的人得到科研团队和社会各界力量的帮助，只有不断进步的科学技术和更大的影响力才可以让他们被看到、被关心、被治疗，同时作为青年一代，我们也应当担当起责任，我们拥有平台接触到大众看不到的东西，那我们也有义务将其传播到更多的地方，将自己奉献于能帮助他们的工作当中。

◎ 参考文献

[1]苏龙辉，范少勇，双峰．慢性创面的治疗进展[J]．实用中西医结合临床，2020，20(14)：156-159.

[2]余墨声，朱占永，赵月强，等．慢性创面的临床治疗进展[J]．临床外科杂志，2016，24(3)：165-167.

[3]刘强，邵家松．慢性难愈性创面的形成机制及治疗进展[J]．中国临床新医学，2013，6(9)：917-920.

[4]许飞，许志俊，廖文强，等．慢性难愈性创面的治疗研究进展[J]．江西医药，2020，55(3)：354-358.

[5]陈善亮，周鹏．"肤生工程"为健康扶贫发挥重要作用[J]．实用手外科杂志，2020，34(4)：371-372.

[6]魏娜．我国志愿服务发展：成就、问题与展望[J]．中国行政管理，2013(7)：64-67.

[7]穆青．如何理解志愿服务与志愿精神[J]．北京青年政治学院学报，2005(3)：9-12.

[8]王岩．大学生参加社会实践活动的现实价值[J]．黑龙江科学，2020，11(13)：86-87.

[9]王爱华．社会实践活动的概念、特征与内容探析[J]．常熟高专学报，2004(3)：87-89.

[10]时小燕．我国志愿服务的现状及对策分析[D]．河海大学，2007.

秉承青衿之志，赓续文化建设

——暑期社会实践心得体会

仁济学院　许柳笛

乡村振兴战略不断推进，乡村建设越来越引起国家与人民的重视与关注。文化是乡村建设的生命之源，亦是发展之基。为了更好地领悟乡村文化和提升自己的思想意识，我于7月7日至7月14日在云龙村进行了为期8天的暑期社会实践活动，虽然活动只有短短8天，但却给我带来了不一样的体验和体会，也让我对云龙村的乡村文化建设和发展有了更加深刻的了解与认识，让我明白了乡村文化建设与发展的重要性与必要性。

耿瑞珍在《乡村振兴背景下的乡村文化建设》中曾说："乡村文化是中国文化发展的巨树之根，江流之源。"在带领村民们参观文化礼堂以及向学生们介绍云龙记忆馆、蚕俗文化园、雅云蚕桑生产基地等蚕乡文化景点的时候，我对这句话有了更加深刻的感悟与体会。

我本次社会实践的地点便是我的家乡——云龙村。它坐落于海宁市周王庙镇，悠久的种桑养蚕历史赋予它独特的文化魅力和历史底蕴，本次实践活动，也让我对它有了更多的认识与了解。实践的第一天我便带领学生们参观了云龙村的文化礼堂，文化礼堂在丰富人们的日常生活、加强人们之间的交流与沟通以及促进儿童成长过程中发挥着重要的作用，当地每年在文化礼堂都会举行丰富多彩的活动，以此来调动大家的积极性和凝聚力，丰富业余文化生活。比如，"预防诈骗，你我同行"防诈骗宣传活动、暑期青少年讲座活动以及"春泥"计划系列活动等，极大地提高了村民的思想意识，丰富了村民的文化生活。我也为村民们介绍了云龙村的云龙记忆馆、蚕俗文化园、雅云蚕桑生产基地等蚕乡文化建设的发展历程，使村民对蚕桑文化有一个深入的了解与认识。在活动过程中，我在雅云蚕桑生产基地为小朋友们介绍了蚕匾、蚕架等饲养工具以及蚕宝宝从一个蚕卵到丝织品的成长过程，在亲手喂养蚕宝宝的过程中，小朋友们也体验到了养蚕的乐趣，感受到了文化的魅力。虽然实践的时间非常短暂，但在和村民以及小朋友们相处的过程中我却收获许多，也感悟许多，虽然有时会感到疲惫，但当我穿上红马甲，成为一名志愿者，我从心底感到无比光荣与自豪，当看到村民和小朋友们脸上洋溢着的笑脸，我也感到无比幸福与快乐。

2009 年，云龙村蚕桑生产民俗作为中国蚕桑丝织技艺中的代表性项目正式列入人类非物质文化遗产保护名录。一片桑叶如同一个苍翠的树根成就中国文化的枝繁叶茂，一根蚕丝如同一股潺潺的溪流汇入中国文化的滔滔江水，乡村文化孕育着中国文化，并且乡村文化在推动我国社会经济发展中发挥了重要作用，它在用自己的力量推助着国家的发展，连接着我国各个民族。这也使我们明白，乡村是文化的宝库，文化亦是乡村的传承，我们必须牢牢抓住乡村文化这个发展之基，大力弘扬和传承优秀的传统文化，充分认识并了解乡村文化的价值和意义。

通过 8 天的暑期社会实践活动，我学到了许多课堂以外的知识，对志愿者这个身份也有了更多的了解，也更加明白作为一名志愿者的责任与义务。本次实践活动，不仅增强了我的思想意识，还丰富了我的知识，锻炼了我的能力，体验虽短，收获颇丰。在本次实践活动中，我也深刻地体会到了乡村振兴和文化建设两者之间并存的关系，乡村是文化的载体，文化亦是乡村的灵魂。在新时代下，我们要高举乡村振兴的旗帜，传承乡村文化的精神，踔厉奋发，砥砺前行。

本次活动也使我进一步了解了无私奉献、鞠躬尽瘁、勤奋廉洁的蚕桑文化精神，蚕桑文化中所蕴含的思想观念、道德品质、价值取向也深刻地影响着我的日常生活，我将学习并传承这种精神，在今后的生活中，我将牢记自己的责任与担当，做到刻苦奋斗，尽职尽责，脚踏实地，廉洁自律，守正创新，用自己的实际行动去弘扬和传承蚕桑文化精神。

“现在生活条件变好了，文化建设也搞得不错，乡村环境也变美了，我们大家都很高兴啊”，一位村民如是说。一棵桑、一条蚕、一粒茧、一根丝、一匹绸绘就了云龙村独特的蚕桑文化，从原来荒凉贫瘠的土地到如今迷人秀丽的蚕桑风光，从原来破烂不堪的小路到如今平坦宽敞的康庄大道，从原来落后的村落到如今的美丽乡村，我们足以看到实施乡村振兴战略的必要性，而作为青年的我们，更应该将我们所学到的知识运用到实践中去，以实践联系理论，以理论指导实践，不负时代所托，以振兴乡村文化为己任，为家乡的建设、为乡村文化的建设贡献出自己的一份力量。

此次暑期社会实践活动也拓展了我的视野，开阔了我的眼界，进一步提升了我的修养，虽然本次活动非常短暂，但这些收获与体会将使我受益终生。春蚕化生，蕞而微虫，春蚕何取，一桑始终，春蚕春蚕，万世可风，春蚕用自己的一生吐尽了芳华，而作为新时代“后浪”的我们，更应该学习这种奉献精神，积极承担起属于自己的责任，努力学习并弘扬乡村文化，做乡村文化的传承者和宣传者，激发起乡村文化的生命活力。山不让尘乃成其高，海不辞盈方有其阔，我将用自己的实际行动为乡村文化的建设与发展注入新的活力。青衿之志，履践致远，云程发轫，万里可期，本次实践活动不仅是一次思想上的升华，更是一次文化上的传承，我将不忘初心、牢记使命，秉承青衿之志，赓续文化建设。

◎ 参考文献

[1]耿瑞珍．困境与突破：乡村振兴背景下的乡村文化建设——基于河南省乡村文化建设的调查与思考[J]．河北牧业经济学院学报，2022(1)：41-42.

[2]张梅．新时代乡村文化建设现状及优化路径研究[J]．农业工程技术，2021(36)：32-33.

[3]罗勋章，邓香．当下乡村文化建设与发展面面观——基于长江大学学生乡村文化现状调查报告的综述[J]．长江大学学报，2012(10)：168-169.

[4]娄金敏．乡村振兴战略背景下乡村文化建设路径研究[J]．产业与科技论坛，2022(2)：151-153.

社会实践活动总结

检验医学院　王馨慧

近年来，我国孤独症儿童呈多发态势。据推算，我国0至14岁患儿或超200万，近20年间确诊的孤独症患儿数量上升百余倍。孤独症自闭症或孤独性障碍是广泛性发育障碍的代表性疾病，一般患者具体表现为社会交往障碍、交流障碍、兴趣狭窄等。

社会实践是大学培养有用之人的必经途径，是大学生自我能力培养的重要方式，能给予大学生们一个自我锻炼的机会，一个自我提升的机会，一个认识社会、了解社会的重要机会，也是培养锻炼才干的良好渠道和修身养性、树立服务社会思想的有效途径。

本次社会实践我参与的是温州医科大学星海公益社与龙湾实践中心合作举办的“星星向融”夏令营活动，本次活动分为三个部分，最为特别的是为小龄孤独症儿童举办的夏令营，其次是科普孤独症的生命教育课堂，以及全方位照顾的大龄孤独症青年的就业问题探索。

首先，在活动开展之前我们召开了三次会议，对参与的人员分批作了工作安排，我作为小龄夏令营孤独症儿童的辅助老师，将在接下来的14天内对小龄孤独症儿童进行一对一的贴身教导和辅助。在夏令营中，我们为小龄孤独症儿童设立了六大课程，包括社交礼仪、逻辑思维、文学素养等，尝试创新更适合孤独症孩子的授课形式，以保障孤独症儿童的成长及生活的多样需求。

文学素养课程中，因为小龄孤独症儿童的词汇发展滞后问题严重，因此我们采取了视频动画、小卡片和语音传输的新方式，以“有意的能指”来提高小龄孤独症儿童的词汇认知水平，在最后的成果汇报中，小龄孤独症儿童们显著地记下了文学素养课中学习过的诗词和词语。受限于大脑皮层思维发展的滞后，小龄孤独症儿童们的逻辑思维显然落后于同龄正常儿童，因此，本次夏令营也设立了逻辑思维课程来锻炼小龄孤独症儿童们的逻辑思维，我们应用了符号、图形等能够吸引孤独症儿童的方式即视觉支持策略来提高他们在逻辑思维课上的参与度。鉴于孤独症儿童们普遍薄弱的规则意识，本次夏令营还设立了社交礼仪课来向孤独症儿童们教授社会的普遍常识，以屡次强调和循循善诱的方式来让孤独症儿童对社会产生初级概念。除此之外，为了能够向普通学校看齐，以及呼应属于夏令营特色的普特融合活动，我们还设立了体育课、音乐课和美术课，让这些特殊的孤独症儿童们感受平等的教育机会。在体育课上，我们带领孤独症儿童们做小游戏调动他们的兴趣和积极性，在短短14天中教会了他们一支简单的舞蹈，在结业仪式上进行表演。大部分儿童对音乐的敏锐性较高，我们教授的这一批孤独症儿童们也是如此，他们能在儿歌的环绕中拍着手唱着歌，在结业仪式上与舞蹈一起进行表演。而美术课大体就是用来给他们放松的，让他们动用工具和自己的小手来完成一幅幅表达他们内心世界的美丽画作。

小龄夏令营中最具特色的就是普特融合活动了。普特融合活动强调以普通儿童与孤独症儿童一对一结对形式参加户外活动，希望用这种科学的方式促进孤独症儿童与外界社会的交流与融合。普特融合活动的原理在于团体大社交干预设置了便于孤独症儿童相互观察与互动的真实群体情境。这其中，孤独症儿童可以随时对干预者或同伴的行为进行模仿；干预者会及时对儿童的模仿行为给予反馈和强化，促进行为的保持和泛化。因此活动内容从运动大社交干预、感统大社交干预、共情大社交干预、认知大社交干预、换位大社交干预多角度出发尽力让孤独症儿童向普通儿童模仿趋同，促进他们和同龄人拥有共同的感知能力。

同时，为了推动全社会形成、帮助孤独症群体融入社会，我们创新大众科普模式，精心设计孤独症主题生命教育课堂。课堂以“生命教育进社区”的形式，让更多的孩子接触了解孤独症，教会他们关爱与接纳孤独症患者。14 天中，我们联系周边社区，共为 6 个社区的孩子宣教普及孤独症概念，教会孩子们如何接受、尊重、接纳孤独症患者，借此让更多的人正确认识孤独症。另外，面向大龄孤独症人士的就业服务无论对于其本人、家庭，还是社会的和谐稳定都有着重大意义。在以往的大众视野里，关注的孤独症群体年龄段往往集中于儿童这个阶段。但事实上，大龄孤独症人士一样面临着困境。一方面，随着适龄青年人数逐渐增加，越来越多的孤独症家庭提出通过就业使孩子减少对家庭依赖、融入正常社会生活的需求。另一方面，社会普遍存在对孤独症人士劳动能力的低估甚至歧视，造成大量大龄孤独症青年失去竞争岗位的资格。因此我们利用温医的图书馆开展“星启未来”图书管理员培训活动，培养大龄孤独症青年的图书管理能力，为他们找到图书管理员这份工作。

在短短 14 天的夏令营中，第一天(6. 29)我们举行了开营仪式，在开营仪式上初次认识了我接下来需要一对一指导的小朋友，她一遍一遍地扯着我的衣服认读着上面的字(“爱满星海 you are not alone”)，横幅上面的字，走廊里的字，表达了对我的亲近和夏令营的喜爱。在开营仪式上她指着横幅不停地说：“夏令营，夏令营……”当时我还未想到，这短短三个字陪伴了我整整 14 天，在之后的每一天，她都会从早上九点喊着夏令营到下午四点结束回家，小朋友妈妈说，她在家里也是天天喊着夏令营。

第一天的时候，她就展露出了她的不好对付和闹腾，上课坐不住，吃饭抢食挑食，失控的时候我甚至拉不住她，所有人都说，她是这个夏令营最难带的小孩，我感觉到这是她对我们的试探。夏令营的第一天就在这吵闹声中结束了。于是自第二天开始，我严厉对待她，树立她的规则意识，小女孩也相当配合，渐渐地对上课这两个字有反应，渐渐地能坐得住了，能听从老师安排完成课堂任务。但鉴于她第一天糟糕的表现，第二天的“星星寻宝”活动她没有参加，而是在基地等待小朋友们回来。同时，我观察到她对于动画片的刻板行为，她会反复观看动画片的某一集，也会在时长进行到一半的时候重新开始，还会在结尾手捂眼睛掉眼泪。7 月 1 日我们举办了“星星消防员”的普特融合活动，她表现良好，与普通孩子一起合作搬运水管，听消防员介绍消防用具，试穿消防衣试戴消防帽，并在消防员指导下操作灭火器。7 月 2 日在通过这三四天的观察后，我发现她语言系统发育不完善，明显弱于同期夏令营的其他小朋友，为了加强她对于舌头的控制，我带着她进行更多的认字练习，小女孩着急的时候会噘嘴发出尖锐声音，她有学习的意识，也有自卑的心理，不自信的时候还会模糊发音发出“呐、呐”的声音。7 月 4 日是跟普通小朋友认识的日子，在这一天的破冰活动中，她毫不怕生，一直与同龄普通小朋友手拉手完成任务和游戏。普通小朋友是一位看起来就严谨认真的小大人，在生命教育课堂上了解孤独症和见到小朋友之后并没有退缩，会帮助我们教育小朋友，引导她的动作。7 月 5 日的逻辑思维课程难度增加，明显感受到她对较难知识的抗拒，会在课堂上坐立不安，会在回答课堂问题的时候用重复词语来回避问题，注意力一直在橡皮玩具上。对于这个问题，我们采取图形加引导的方式来帮助她学习，但是收效甚微。7 月 6 日在上课之外我们还举办了“星星相影”活动，在长达两小时的动画片放映中，小女孩的耐心很显然只有一个半小时，即使用零食诱惑也不能让她安静下来，对黑暗的环境也不能很好适应，需要不停地走动才能安抚下来。7 月 7 日上午上课，下午是与温州五马街瓯说非遗手作馆的合作，我们和她共同制作了温州非遗文化产品——皮质心灯，在纸上写了对小朋友的祝福，最后在二楼完成点灯仪式，她还收到了店长赠送的小礼物。

7 月 8 日是一个快乐的日子。小朋友们上午放假，下午来到了瓯海区森马梦多多小镇来体验不同职业，为小朋友们将来的职业方向提供更多的选择。梦多多小镇为小朋友们编排了舞蹈，在大舞台上表演引人入胜的舞台剧。接下来就是牙医、飞行员、警察的角色扮演体验，小女孩和普通孩子手拉手完成角色扮演任务。逐渐地，这些独特的小朋友们渐渐和普通小朋友成为朋友，相对来说较少躲避他们的目光，与社会的接触融合有了一点微小进步。在最后一天的结业仪式上，各位代表纷纷发表感言，小朋友们表演舞蹈，志愿者们分享小故事。14 天的经历有心酸有辛苦，有友爱也有成功。在结业仪式上许多孩子的家长热泪盈眶：“孩子们在普通学校受尽歧视，跟不上进度只能去特殊学校，不知道未来如何，但夏令营在努力帮助这些孩子，让家长放松，是一次非常有意义的活动。”

这次夏令营圆满谢幕，其中也暴露出了些许问题，从最开始安排的一对一影子老师的人数显得不够，后期增加的影子老师们身兼数职，职位不明确，导致出现有些小朋友得到一对一辅助，而有些只能一对三辅助。课程安排上面，老师们的课程难度没有完全适配所招收的孤独症儿童们，授课经验的不足和相关应对措施的缺少导致孤独症儿童们无法在课堂上学到很多新的知识，基本是运用他们已有的知识在课堂上进行展示。从这点来说，课程安排的意义更多地在于展示给家长而不是应用于孤独症患者身上，不能很好地契合本次活动举办的目的。场所布置上来说，教室的杂物过多，彩笔和画纸的放置对于孩子们来说过于轻易获得，不能让孩子们建立起来夏令营就是等同于来学习知识的概念，必要的时候不够严厉，不能很好地教导孩子们。

鉴于以上问题，我认为今后举办夏令营可招收更多的志愿者，明确各个职位的工作内容。课程安排上，教师可应用结构化教学法，根据孤独症儿童的特点，系统安排学习环境、学习程序等，使孤独症儿童在设置好的结构中学习知识，引导孤独症儿童更好地参与学习，并依据孤独症儿童们的实际学习能力以及知识储备来制定课程内容，确立他们最为缺少的规则意识。在活动举办之前可以先整理检查所用场地，将吸引孩子们注意力的小玩具放置在暗处。在活动开始之时宣布一些规则，不能因为某种原因主动违规。

此次社会实践活动拉近了我与社会的距离，开阔了视野，增长了才干，进一步明确了我们青年学生的成才之路与肩负的历史使命。社会才是学习和受教育的大课堂，希望以后还有这样的机会，让我从实践中得到锻炼。社会实践使我找到了理论与实践的最好结合点，在未来的学习生活中，我愿意发扬志愿者精神，传播社会正能量，帮助孤独症患者，以身作则，更加积极地参与到各项活动中去。

◎ 参考文献

[1]宿淑华，赵航，刘巧云，等．特殊教育学校自闭症儿童教育康复现状调查[J]．中国特殊教育，2017(4)：60-65.

[2]庄锦山，曾卫红，孤独症儿童的数学教学策略探析[J]．现代特殊教育，2022(1)：37-38.

[3]祖泽元，刘静怡，刘电芝．孤独症干预的新路径：团体大社交干预[J]．现代特殊教育，2022(13)：69-72.

[4]侯文文，苏怡．注意和记忆对孤独症儿童词汇发展滞后的影响[EB/OL]．[2022-09-06]．http：//kns. cnki. net/kcms/detail/11. 4766. R. 20220822. 1025. 048. html.

中医院社会实践有感

护理学院　王　彤

根据学校安排，我选择当地的一家中医院分院进行暑期社会实践，这是我第一次进行暑期社会实践，作为一名医学生，平日里大都进行理论学习，没什么实践机会，也很少接触医院的工作环境，此次社会实践正好给了我一次近距离接触病人的机会，感受颇深。

在医院工作的这些日子里，我学会了很多。第一个学到的就是在工作中需要细致认真，态度要足够端正。第一天上班，体检的医生就告诉我各项事宜，我们是帮退休教职工体检的，我的工作是登记他们的体检数据。开始时我还认为是一件轻松小事，可当体检开始后，我就不这么认为了。各个体检科室7时还没到就开始体检了，由于体检人数有两百多个，中间每个医生都没停过，一直到两个小时以后人慢慢少起来了，我们才有空喝口水，吃点早餐。忙碌时我仍要细心耐心，争取不让体检单中有错误的数据，同时我还要聆听一旁老人们提出的问题并做出解答。

我学到的第二点则是言语行为要亲和友善，善于沟通。这就不得不提体检期间的一件事了。在工作很久终于要下班时，领导却要我们所有人留一下，因为有位老人来晚了，由于已经做了很久的体检，大家已经很累了，都等着下班，所以当那位老人慢腾腾走上来的时候，一旁的医生已经忍不住发牢骚了，我赶紧扶着老人上体检器材，可是老人年纪大了，总是听不清指令，让一旁的医生有点生气，语气也没那么温和甚至有些急促，老人感受到不耐烦后直接发脾气说不做了，还不停地指责着那位医生，那位医生连忙道歉，说没有那个意思，气氛这才缓和下来，体检才继续做下去。看来服务行业需要时刻保持良好的态度，不然很容易发生冲突，医院更是如此。

我学到的第三点则是做事要踏实认真，要在实践中锻炼能力。原本我认为测血压就是测血压高低，可是当一位老人问我血压是上面的高还是下面高时我一下愣住了，我只知道舒张压和收缩压，不懂上面下面是什么意思，于是在空闲时候我连忙查了下才知道血压上面是指收缩压，下面是指舒张压。虽然感觉只是一个称呼，但填补了我的漏洞。由于很多老人会问我血压情况，我特意搜了一些资料，还问了医生相关情况，第二天我能够回答大部分人的问题了，这件事让我记忆深刻。

筑梦星辰，因爱成海

第二临床医学院　何渊航

当代中国，人民生活富足，全面建成小康社会的实现，促进了中华民族伟大复兴的历史进程，丰富了中华文明美好生活的内涵。然而，在人人追求幸福生活的当下，存在这样一种孤独症家庭，他们面临着经济压力、心理压力和社会环境压力等困难。

孤独症谱系障碍(autism spectrum disorder，ASD)是一种神经发育障碍疾病，表现为语言障碍、社交互动障碍和重复运动。我国自闭症患儿人数达100多万，综合调研和其他研究数据，中国每100个孩子中约有1个患孤独症，且发病率在逐年上升。长期以来，社会公众对孤独症的认知并不清晰，对待孤独者儿童也缺少那份该有的关爱。目前，我国特殊教育学校存在数量不足，以及孤独症儿童进入普通教育学校接收难等问题。为更好地帮扶孤独症儿童，温州医科大学星海公益中心开展了为期14天的"星星向融"关爱孤独症家庭暑期社会实践活动，我有幸参与其中。

此次的"星星向融"关爱孤独症家庭暑期社会实践活动分为四个板块，分别是：普特融合夏令营、大龄孤独症人士职业技能培训、生命教育课堂进社区及孤独症主题展览。我主要负责普特融合夏令营部分，这个部分也是我们为探求孤独症儿童更好地融入社会而作的创新尝试。普特融合教育不仅能为特殊儿童提供更多融入社会、与普通人相处的机会，也能对普通孩子起到一个教育的作用，教导其如何与特殊儿童相处，并能在将来的生活中正确处理与之相关的事件。融合教育的发展能为儿童康复教育事业提供一个新的思路，而我们所能做的，就是在这条新思路上勇敢的迈出第一步。

在参与此次实践活动之后，我收获颇丰，学到了很多之前学不到的东西，我将其概括为：认知、成长、感动、思考。

认知——对孤独症孩子的认知不再局限于残疾儿童。

在一年前，我对于孤独症的认知与社会大众一样，认为孤独症等于抑郁症，是可以通过药物、心理治疗等方式进行干预从而达到治疗的目的。但是在经过孤独症知识普及以及为期14天的暑期社会实践后，我认识到孤独症是无法治愈的，且发病原因不明、谱系障碍(不同的孩子会有不同的能力表现和技能水平)等诸多因素导致孤独症难以治疗、干预。在14天与孤独症孩子们每天无时无刻的交往中，我也渐渐学会了如何与孤独症孩子们相处，如何照顾好孤独症孩子。孤独症孩子们有一个特别重要的特征——与他人交往时无目光接触，他们往往沉浸在自己的世界里而拒绝与他人交流，逃避与他人的对视，就连父母也很难做到和他们正常的交流、对视。他们有各式各样的刻板行为，常见的有拍打桌子、大声吼叫等，由于语言功能发育迟缓，他们无法向他人准确表达自己想要的东西，就时常通过这些刻板行为来表达自己的情绪。比如在夏令营中就有这样一个孩子，在得不到他想要的东西时会敲打自己的脑袋来表达自己的悲伤、愤怒。

成长——从学生逐步走向社会。

在实践活动的筹备阶段，我主要负责日常出行方式的选择以及每天的午饭准备等后勤工作，同时我也负责普特融合活动的策划撰写。于我而言，联系车队、与餐厅洽谈、与活动场地的负责人协商等，都是之前作为学生的我没有机会接触到的，我也在这个过程中学到了很多为人处世的方法。比如，在与餐厅联系协商午饭问题的时候，我遇到了很多问题：餐标的划定、菜品的选择、用餐时间的敲定等。作为负责人，我需要统筹规划一切，要保证既能让大家吃得舒服，又要将预算控制到最低。而在实践活动期间，我作为机动组的成员，需要处理各种各样的突发事件，比如孩子们不能吃甲壳类的食物，有些孩子只喜欢吃面食而不喜欢吃饭，有些孩子因为等待时间过长会情绪失控等。而我的临场应变能力也在这些问题的解决中逐渐提升，在遇到一些紧急事件的时候，我能沉着冷静地处理。这对于我之后的医学生涯以及工作问题的处理都有积极的影响，提升了我的实践能力与统筹规划的思维。对于我来说，社会实践让我真正踏上了成为一个社会人的道路。

感动——孩子、家长、社会大众对我们所做事情的肯定。

或许有学生觉得自己正在做的事毫无意义，但对于经历了这 14 天后的我来说，我可以骄傲地告诉所有人：我的 14 天一定是意义非凡的。曾在结营仪式上听到一位家长这样的一段话："前段时间，班主任建议我的孩子不要继续在普校里面跟读，普通孩子家长也对我的孩子在学校里面读书表达了不满甚至是歧视。但是因为有了你们，让我知道社会还是有人在关注孤独症群体，帮助孤独症群体，这给了我坚持下去的勇气。"听到这样一番发自内心的告白后，14 天以来的疲劳、疑惑一扫而空，在我心中，这 14 天的努力无疑是值得的。无论是孩子们看到我之后主动牵着我的手，还是在外面举行活动时投来赞扬的目光，都让我真切感受到我所做的事情是真正对社会有意义的事情，我能真正发挥我的价值。

思考——经验总结与未来展望。

星海公益中心所要做的是为孩子营造一个耐心帮助、宽容个性的环境，一个正确引导、允许错误存在的环境。而在追逐这个目标的路上，我们一直在奋斗。本次暑期社会实践活动，不仅是对孤独症的一种宣传，更是对普特融合形式的一种探求，希望能以这种形式，让孤独症患者融入社会，也让社会接纳他们。在这过程中，我们发现，许多孤独症孩子的情况有所好转，从最初的不理睬、无回应，到后来能逐渐接纳志愿者，也能在活动中与普通孩子携手完成任务，对于他们来说这是迈向融入社会的一小步，对于我们来说这是探索融合教育、促普特融合的开创性一步。在这个过程中，我们也发现了许多问题，如：普通孩子有时会专注完成任务而忽略孤独症孩子们，对于普通孩子来说，游戏的输赢会显得更为重要，而少了与孤独症孩子们的交流以及合作，这就失去了普特融合教育的意义。如何扮演好一个引导者的角色，连接起普通孩子与孤独症孩子之间的纽带是我们应该思考的问题。儿童的发展有一定的顺序性和阶段性，而不是一个量的增加的连续过程。“普特融合”作为温州市乃至全中国刚起步的孤独症甚至其他残障患者的干预方式，它的发展可谓任重道远。从专业人才的培育，到建立普通学校与特殊教育学校之间的联系再到融合专项基地的建立，将普特融合与教育事业融合，实现特殊孩子融入社会，创造一个没有界限的融合社会，这些均需要大量的投入。

作为新时代新青年，作为一名医学生，我将秉持志愿活动志愿性、无偿性、公益性、组织性四大特征，延续中华民族助人为乐、无私奉献的精神，积极奉献于志愿者事业，为营造出全社会奉献、友爱、互助、进步的氛围奉献出自己的力量。同时，社会实践丰富了我的人生阅历，给我带来了极为宝贵的经验，让我能在时代汹涌的潮流下确立我的人生方向，坚定地迈出步伐，成为明天更好的我。我将以现在为起点，开始我的人生新篇章。

◎ 参考文献

[1]潘施旭，王佳，武丽杰．孤独症谱系障碍家庭干预国际热点与趋势分析[J]．中国学校卫生，2022，43(6)：880-883.

[2] NAYATE A，BRADSHAW J L，RINEHART N J. Autism and Aspergers disorder：Are they movement disorders involving the cerebellum and/or basal ganglia? [J]. Brain Res Bull，2005，67(4)：327-334.

[3]李傲男．编辑手记：影子老师实战指南[J]．现代特殊教育，2021(18)：80.

[4]郑丽斌．探融合教育，促“普特”融合[C]//廊坊市应用经济学会．对接京津——区域发展基础教育论文集，2022：499-503.
[5]黄希庭．人格心理学[M]．杭州：浙江教育出版社，2003：478.
[6]马克思恩格斯选集(第1卷)[M]．北京：人民出版社，1995：56.
[7]美国精神医学学会．精神障碍诊断与统计手册[M]．张道龙，译．北京：北京大学出版社，2014：22-25.